입대·현역·전역준비 장병 필독서

장병 자기계발
완벽 가이드북

입대·현역·전역준비 장병 필독서

장병 자기계발
완벽 가이드북

2025년 1월 15일 초판 1쇄 인쇄
2025년 1월 22일 초판 1쇄 발행

지은이 | 최준형·박광희
펴낸이 | 이병일
펴낸곳 | **더메이커**
전 화 | 031-973-8302
팩 스 | 0504-178-8302
이메일 | tmakerpub@hanmail.net
등 록 | 제 2015-000148호.(2015년 7월 15일)

ISBN 979-11-87809-56-2 13190
ⓒ 최준형·박광희

입대·현역·전역준비 장병 필독서

장병 자기계발
완벽 가이드북

최준형 · 박광희 지음

더메이커

《장병 자기계발 완벽 가이드북》을
먼저 읽은 분들이 추천사를 보내주셨습니다

● 명확한 비전을 갖게 하는 군 생활 가이드북

입대를 앞두고 있으면 물어보고 싶은 것도 많고 듣고 싶은 것도 많다. 걱정도 된다. 이는 군 복무 중에도 마찬가지다. 더군다나 막상 누구에게 물어봐야 하는지도 고민이다. 그런데 마침 믿을 만한 선배, 든든한 형과 같은 역할을 해줄 수 있는 책이 나왔다. 《장병 자기계발 완벽 가이드북》이다.

이 책은 군 생활에만 국한된 가이드는 아니다. 사회생활의 시작을 함께해줄 가이드다. 이 책에서 제시된 내용과 방법을 하나둘씩 적용하다 보면 어느새 명확한 비전을 가진 자신을 만날 수 있을 것이다.

- **김희봉**(대한리더십학회 상임이사)

● 군 생활을 인생의 전환점으로 만들어줄 책

군 생활은 인생의 전환점이다. 군대 간 아들에게 이 책을 추천하고 싶다. 군 생활은 자기객관화를 할 수 있는 시기이다.

커리어코치로서의 경험에 의하면, 군 생활을 지렛대 삼아 인생을 변화시킨 분들의 공통점은 '어려운 상황에서 긍정적 의도를 찾아냈다는 것'이다. 최준형 대표는 누구보다 긍정적 에너지를 통해 사람을 성장시키는 전문가다. 군 복무에서 경험하는 조직 생활, 책임감, 인내심과 도전정신, 전우와의 인간관계, 가족의 중요성 인식, 기술 습득 등은 군 장병들의 인간적 성숙에 큰 도움이 될 것이다. 윤 코치가 강력 추천한다.

- 윤영돈《《채용 트렌드 시리즈》 저자, 한국커리어코치협회 부회장)

● **꿈꾸고 도전하는 장병들의 훌륭한 길잡이**

아마 이 책을 선택한 독자는 군 생활을 잘하고 싶은 의지를 가진 분일 것입니다. 저는 군대에서 170여 권의 책을 읽고 또 책을 출간한 작가로서, 군 생활 동안 꿈을 이루고 도전하려는 장병들에게 이 책이 훌륭한 길잡이가 되어줄 것이라고 확신합니다. 목표를 이루기 위한 다양한 프로그램과 마음가짐, 그리고 목표 설정 방법 등 구체적인 정보들이 이 안에 담겨 있습니다. 대한민국 장병들이 이 책을 통해 군 생활을 자신의 '터닝포인트'로 만들어, 전역 후의 삶도 더욱 멋지게 가꾸어가시길 바랍니다.

- 김동원《《독서로 군 생활은 예술이 되다》 저자)

● **군 복무 기간을 도약의 기회로 만들어주는 책**

아들을 둔 엄마의 마음으로 이 책을 읽으며, 저는 깊은 안도감과 희망을 발견했습니다. 군대에 가면 아들의 꿈과 성장이 멈출까 늘 걱정했는데, 이 책은 오히려 군 복무 기간이 더 큰 도약의 기회가 될 수 있다는 것을 상세히 보여주었습니다.

특히 복무 기간을 4단계로 나누어 시기별로 무엇을 준비하고 도전해야 하는지 구체적으로 제시한 부분은, 아들의 군 생활을 체계적으로 지원할 수 있는 든든한 길잡이가 되어줄 것입니다. 학점 취득부터 자격증, 취업 준비까지 군에서 제공하는 다양한 자기계발 지원제도들을 알게 된 것도 큰 수확이었습니다.

입대를 앞둔 아들을 둔 모든 부모님들께 이 책을 진심으로 추천드립니다. 이 책은 우리 아이들의 군 생활을 더욱 의미 있고 가치 있게 만들어줄 것입니다.

- **이은영**(사람과마음 대표)

● **성공적인 군 생활로 안내하는 탁월한 지침서**

20여 년간 육군에서 예하 장병들의 성장과 발전을 최우선 과제로 삼아온 여단장으로서, 이 책이 제시하는 체계적인 자기계발 로드맵에 깊이 공감합니다.

특히 복무 초기 3개월을 '적응기'로 설정하고 이 시기에 올바른 마인드셋을 확립하도록 지도하는 방법론은, 제가 지휘관으로서 늘 강조해온 '군 생활의 성공적 시작'과 맥을 같이 합니다. 장병들의 자기계발을 위해 국가가 제공하는 다양한 지원제도들을 망라하여 소개한 점 또한 높이 평가하고 싶습니다.

군 복무를 '시간 낭비'로 여기는 장병과 '도약의 기회'로 활용하는 장병의 차이는 결국 관점의 차이에서 비롯됩니다. 이 책은 바로 그 '관점의 전환'을 이끌어내어 우리 장병들이 복무 기간을 인생의 소중한 자산으로 만들 수 있도록 안내하는 탁월한 지침서가 될 것입니다.

- 김진유(육군 대령)

● 미래에 대한 불확실성을 확신으로 바꿔주는 군 복무 가이드북

군 복무라는 인생에 있어 결코 짧지 않은 소중한 기간을 성장의 시간으로 만들어줄 진정한 가이드북. 20년 이상 군 복무를 한 군 선배로서, 또 현재 대학생들을 가르치는 교육자로서 장병들에게 전하고 싶은 경험과 노하우가 가득 담겨 있다.

장병들은 군이라는 새로운 환경에서 불확실성의 어려움을 겪을 수밖에 없다. 확실한 방향성과 다양한 탐색의 기회를 제공하고 있는 이 책의 안내에 따라 작은 것부터 하나씩 실천해 옮긴다면, 어느새 미래를 확신으로 준비하고 있는 자신을 발견할 것이다.

- 이경원(동양대학교 의무군사학과 초빙교수)

군 복무를 '시간 낭비'로 여기는 장병과 '도약의 기회'로 활용하는장병의 차이는 결국 관점의 차이에서 비롯됩니다. 이 책은 바로 그 '관점의 전환'을 이끌어내어 우리 장병들이 복무 기간을 인생의 소중한 자산으로 만들 수 있도록 안내하는 탁월한 지침서가 될 것입니다.

군 생활은 당신의 것인가, 국가의 것인가

"군 생활은 당신의 것인가, 국가의 것인가?"

이 책의 시작은 아주 단순한 질문에서부터 시작한다. 어떤 장병은 어쩔 수 없이 입대하여 마지못해 군 복무를 하고 있다. 반면, 어떤 장병은 군 생활도 나의 소중한 인생이니, 잘 가꾸어 나가겠다 다짐한다. 정말 종이 한 장도 안 되는 생각 차이가 군 생활을 가르고, 인생을 가른다. 위 질문에 대한 답은 여러 형태로 앞으로 당신의 인생을 지배할 수도 있다.

"회사 생활은 당신의 것인가?. 회사의 것인가?"

"연애 생활은 당신의 것인가?, 연인의 것인가?"

"학교생활은 당신의 것인가?, 교수님의 것인가?"

이외에도 학원, 여가, 결혼, 친구, 가족 등 삶의 모든 요소를 질문에 대입해볼 수 있다. 마지막으로 물어보겠다.

"당신의 인생은 누구의 것인가?"

위의 질문들에서 군 생활뿐만 아니라 인생의 그 어떤 순간에도 당신이 없으면 아무런 의미가 없다는 것을 깨달을 수 있다.

이 책은 앞으로 인생에서 또는 군 생활 속에서 자신이 주인공이 되고 싶은 장병들을 위해 썼다. 이 책을 통해 당신도 얼마든지 군 생활의 주인공이 될 수 있다는 점을 발견하기를 바란다.

"당신은 인생에 주인공이 되기를 바라는가?"

내가 인생에 주인공이 되겠다고 마음만 먹으면, 군 생활 과정에서 다양한 지원제도와 방법론들이 당신을 돕고, 전역한 이후에도 지원을 아끼지 않는다는 것을 알게 될 것이다.

1장에서는 군 생활에서의 자기계발을 위한 마인드셋을 담고 있다. 군 생활에서 빠지기 쉬운 생각의 함정을 발견하고, 그 함정을 어떻게 피해갈 수 있는가, 또 피해간 사람은 있는가 등을 살펴보았다.

2장에서는 군 복무를 4단계로 나누어 단계별 특징을 살펴보고, 장병들이 4단계 로드맵을 갖고 군 생활을 디자인할 수 있도록 하였다. 군 복무에서 제대로 된 자기계발을 위해서는 단계적인 접근이 필요하다. 4단계로 구분해 자기계발 여건 확보부터 본격적인 자기계발까지 어떤 단계와 절차로 접근하는 것이 좋을까를 살펴보았다.

3장에서는 군 생활 중에 지원받을 수 있는 다양하고 유익한 제도를 소개하고 있다. 마음만 먹으면 학점도, 자격증도, 어학시험도, 취업준비도 또 창업까지 문제없을 정도로, 장병들을 위한 다양한 자기계발 제도가 갖추어져 있다. 군 복무 중 자기계발은 제도를 몰라서 하지 못할 뿐이라는 것을 깨달을 것이다.

4장에서는 진로목표 정하기를 살펴보았다. 목표 없는 자기계발은 어떻게든 도움이 되겠지만, 실질적인 결과로 이어지기는 어렵다. 자기계발의 8할은 목표를 정하는 것이다. 이 장에서는 왜 본격적인 자기계발보다 진로설정이 먼저인지, 그리고 현실적인 진로목표 설정은 어떻게 하는지 등을 구체적으로 다루었다.

5장에서는 군에서의 취업준비를 다루었다. 장병 대부분의 자기계발 목표는 취업과 어느 정도 연계되어 있다. 군 생활 중에도 주어진 시간을 잘만 활용하면 또 AI를 잘만 활용하면, 얼마든지 성공적인 취업준비를 잘 할 수 있다는 것을 살펴보았다.

6장에서는 전역 후 반드시 챙겨야 할 것들 살펴보았다. 장병은 누구나 전역을 향하고 있다. 전역하면서 생각해 보아야 할 것들과 꼭 챙겨야 하는 제도들을 모았다. 전역 후의 미래에 대한 막연한 두려움을 가진 장병들에게 구체적인 대안을 제시하여 전역 후를 대비할 수 있도록 하였다.

우리에게 깊이 뿌리 박힌 생각들은 좀처럼 바꾸기가 어렵다.

코끼리를 훈련시킬 때 아기코끼리의 발목을 말뚝에 묶어놓는다. 아기코끼리는 아무리 힘을 주어도 말뚝을 뽑을 수 없다. 이렇게 길든 코끼리는 5톤이 넘는 성체가 되어서도 말뚝에 그대로 묶여 있다고 한다. 말뚝을 뽑을 충분한 힘을 지녔음에도 말이다.

우리도 훈련받은 코끼리와 같진 않은가 한번 생각해볼 일이다. 우리가 스스로 한계를 정해두고 있지는 않은지, 군이라는 공간을 아무것도 시도할 수 없는 공간으로 한정하고 있지는 않은지 말이다.

이제 생각을 바꾸고, 목표를 세우고, 실천만 하면 된다. 군에서의 작은 시도가 앞으로 여러분의 인생을 완전히 바꿔놓을 시작 점이 될 것이다.

다시 한번 묻겠다.

"당신의 인생은 그리고 군 생활은, 당신의 것인가?"

CONTENTS

1장
군 생활 중 자기계발을 위한 마인드셋

019

4장
진로목표 정하기

129

5장
군에서 취업 준비하기

187

6장
전역 후 반드시 챙겨야 할 것들

223

■에필로그

군 생활 속에서 꿈과 비전을 발견하는 그 날을 기다린다

인생의 큰 갈림길에 서 있는 이들에게

1

군 생활 중
자기계발을 위한
마인드셋

대부분의 장병이 자기계발에 느슨해진 이 시기를 잘 활용해

자기계발에 집중한다면 군 생활은 그야말로

커리어 추월차선이 된다. 이렇게 군 생활을 바라보는

시선이 바뀌면 여러분의 미래는 바뀐다.

'전역하면
해야지' 병
치료하기

커리어 추월차선의 시기는 '군 생활'

단연코 최고의 커리어 추월의 기회는 군 생활 기간에 있다. 병무청에서 발표한 〈2023 병무통계연보〉에 따르면 지난 2023년 현역병으로 입영한 장병은 약 19만여 명으로, 이는 우리나라 20~24세 남성(약 150만 명)의 12.6%에 해당한다. 이렇듯 많은 남성이 매년 군에 입영하는데, 안타깝게도 대부분의 장병은 입대 후 '전역하면 해야지' 병에 걸린다. 입대 전까지 고삐를 죄어왔던 자기계발을 손에서 내려놓는 것이다. 바로 이 지점에서 추월의 틈이 생긴다.

물론 군 생활 동안 국방의 의무에 집중하고, 재충전의 시기로 활용하는 방법도 괜찮은 선택이다. 하지만 18~21개월이라는 기간을 나에게 주어진 인생 역전의 기회로 받아들이고, 역량을 계발하는 시기로 활용하는 것은 더없이 훌륭한 선택이다.

많은 장병이 군 생활을 '자유를 박탈당한 시기', '사회와 격리되는 시기', '도전을 잠시 멈춰야 하는 시기'로 규정한다. 이렇게 생각하는 장병에게 묻고 싶다. "지금까지 온전히 자기의 삶에 집중할 수 있는 시기가 있었느냐"고. 나에게 오직 자기계발에만 집중할 수 있는 시기는 지금까지 없었으며, 앞으로도 존재하기 어렵다. 그러니 지금부터라도 나의 방향을 찾고 또 목표를 준비하는 시간으로 군 생활을 채워야 한다.

대부분의 장병이 자기계발에 느슨해진 이 시기를 잘 활용해 자기계발에 집중한다면 군 생활은 그야말로 커리어 추월차선이 된다. 이렇게 군 생활을 바라보는 시선이 바뀌면 여러분의 미래는 바뀐다.

'전역하면 해야지 병'에 대하여

저자는 사람들에게 "당신이 정말 하고 싶은 일을 언제 할 것이냐?"라고 자주 묻곤 한다. 학생들은 사회에 나가서 한다고 한다. 20대는 자리가 잡히는 30대는 돼야 가능하다고 한다. 30대는 결혼 이후 라고 말하고, 결혼한 사람은 아기를 낳으면 한다고 한다. 부모들은 아이가 다 크면 한다고 하고, 자녀를 독립시킨 이들에게 물으면 나이가 너무 많아서 이제 할 수 없다고 한다.

여러 부대에서 장병들을 만나 교육과 상담을 하면서 같은 질문을 해보면 장교, 부사관, 용사 할 것 없이 대부분 "전역 후에 본격적으로 시작하겠다"라고 답한다.

저자는 이것을 '전역하면 해야지 병'이라고 규정한다. 장병들은 대부분 군 생활 동안 갈고 닦은 체력과 정신력을 바탕으로 전역 후에는 전혀 다른 삶을 살아갈 것으로 생각하고 믿는다. 하지만 일주일 휴가를 받고 3일쯤 지난 자신의 모습을 떠올려 보라, 내가 언제 군인이었냐는 듯 너무나 풀어진 자기 자신을 만나게 될 것이다.

저자는 얼마 전 '전역하면 해야지'병에 걸렸던 전역 장병을 서울역에서 우연히 만나 근황을 물은 적이 있다. 반가운 마음에 웃으며 "요즘 어떻게 지내요?" 물으니, "전역만 했습니다"라며 멋쩍게 웃었다. 그 장병은 "전역한 지 1년이 되었는데, 돌아보니 내가 1년 동안 뭘 했는지 기억도 나지 않는다"며, "그때 선생님의 조언을 듣고 전역 전부터 미래를 준비했다면 어땠을까, 후회하게 된다"고 했다. 이렇게 그 장병의 사례를 싣는 것은 그가 "꼭 장병들에게 자신의 사례를 알려달라"고 했기 때문이다.

반대의 사례도 물론 있다. 한 전역 장병은 군에서부터 헬스케어 분야의 취업을 목표로 꾸준히 커리어에 대해 고민하고 노력했다. 전역 전부터 휴가 때마다 관심 기업에 면접을 보고 취업을 준비했다. 전역과 함께 원하는 중견기업에 들어가 본인이 속한 조직에서 인정받으며 승승장구 중이다. 여러분이 바라는 미래는 전자인가? 후자인가?

군 생활 속에서 자기계발을 위한 마인드셋

KFN 설문 조사에 따르면 장병의 가장 큰 고민은 "전역 후 미래에 대한 불안"이라고 한다. 어찌 보면 당연하고, 자연스런 고민이다. 이때 먼저 해야 할 것은 이러한 고민에 올바로 대처하기 위한 생각의 정리와 태도를 갖추는 것이다. 우리는 어떤 태도로 고민을 대해야 할까?

우리에게 필요한 것은 '95%의 마인드셋과 5%의 기술'이다. 목표를 달성하겠다는 마음을 먹고(95% 마인드셋), 목표에 관한 기술(5% 기술)을 조금씩 익혀간다면, 목표는 이루어진다.

그렇다면 지금부터 '전역하면 해야지'라고 생각했던 것들을 '어떻게 하면 지금 할 수 있을까'로 바꿔 고민해 보자. 지금부터 내 삶을 멋지게 만들기 위해 '작은 것 하나라도 실천하는 것', 이것 하나만 기억하면 된다.

힘들고 제한된 상황 속에서도 한 발 더 내딛는 용기 있는 행동이 여러분의 지금과 미래를 더 멋지게 바꿔 줄 수 있다.

작은 것부터
실천하는
습관의 힘

어려운 것부터 VS 쉬운 것부터

군 생활은 빠듯한 일과와 예상치 못한 돌발 상황으로 인해 개인의 자기계발 계획이 자주 방해받곤 한다. 꾸준히 영어 공부를 하겠다고 결심했지만, 야간 경계근무나 사격 훈련, 준비 태세 훈련 및 각종 검열 준비 등으로 실천에 옮기기가 어려운 경우가 많다. 이런 상황에서 마크 트웨인(19세기 미국의 소설가)의 말, "아침에 가장 먼저 살아있는 개구리를 먹으면 남은 하루 동안 더 나쁜 일은 일어나지 않을 것이다"처럼 가장 하기 싫은 일부터 해치워야 할까?

사실 '하기 싫고 어려운 일부터 해치워라'는 조언은 단기적으로는 효과가 있을 수 있다. 가장 껄끄러운 일을 먼저 끝내고 나면 그 뒤로는 모든 것이 쉽게 느껴지는 것이 사실이다. '이제 끝났다'는 해방감이 생겨 남은 일정을 가볍게 소화할 수 있기 때문이다.

하지만 장기적 관점에서 보면, 특히 목표가 매우 어렵고 복잡할 때는 가장 쉬운 것부터 하나씩 실천하거나, 복잡한 일을 간단하게 만들어서 실천해 나가는 접근법이 더 유용할 때가 있다.

영어 원서 한 권을 다 읽겠다는 막연한 목표는 하기 싫고 어렵게 느껴진다. 이것을 '매일 한두 쪽씩 읽는다'로 쉬운 목표로 만들어 시작하면 목표 달성에 더 효과적이다. 책을 펼치는 작은 행동 자체가 독서의 시작이고, 그렇게 시작한 독서가 어느새 몇 쪽을 넘어 원서 한 권을 완독하는 성취로 이어지는 것이다.

작은 것, 가까운 것, 쉬운 것부터 실천해서 직접적인 변화를 일궈 내는 것이 작은 행동의 힘이다. 인생을 변화시키고 싶다면 자기 생활에서 가장 바꾸기 쉬운 부분부터 공략하면 된다. 거대한 댐도 작은 구멍에 의해 무너지듯, 오래되고 강철처럼 굳어진 안 좋은 습관도 작은 변화로 바뀔 수 있다. 미국의 철학자 윌리엄 제임스는 "생각이 바뀌면 행동이 바뀌고, 행동이 바뀌면 습관이 바뀌며, 습관이 바뀌면 운명이 바뀐다"고 했다. 작은 것부터 해나가겠다는 생각의 변화, 그리고 그에 따른 실천력, 이러한 것들이 쌓이면서 나를 변화시킨다. 잘못된 습관의 사슬을 하루아침에 끊어내기란 불가능에 가깝다. 그러나 사슬을 이루는 고리 하나하나를 천천히, 꾸준히 풀어나간다면 어느 순간 악습의 굴레에서 벗어날 수 있을 것이다.

쉬운 과제부터 시작하면 좋은 이유

쉬운 과제부터 시작해야 하는 이유는 이렇다.

첫째, 쉬운 일은 행동으로 옮기기가 훨씬 수월하다. 아무리 동기부여가 되어 있어도 벽에 부딪히면 좌절하기 마련인데, 작은 성공 경험은 다음 단계로 나아가는 원동력이 된다. 한 걸음 내디딘 뒤에야 비로소 두 걸음, 세 걸음을 내디딜 힘이 생기는 법이다.

둘째, 진전이 있다는 느낌 자체가 강력한 동기부여 요인이다. 100점짜리 영어 시험에 통과하는 것보다, 어제보다 5개의 단어를 더 익혔다는 작은 성취감이 오히려 다음 날에도 학습을 지속하게 만든다. 목표에 다다르는 과정에서 경험하는 '변화'와 '성장'이야말로 우리를 움직이게 하는 진정한 원동력이다.

셋째, 뇌 과학에서도 '작은 목표를 달성하는 것이 긍정 정서를 높여 어려운 일에 도전하게 하는 원동력'이라 말한다. 할 일 목록에서 간단한 일을 끝내고 체크하는 행위 자체가 도파민 분비를 촉진해 의욕을 북돋아준다. 작은 성공이 주는 만족감과 즐거움은 우리 뇌에 활력을 불어넣어 더 큰 도전을 향한 에너지로 전환한다.

다만 한 가지 주의할 점은 쉬운 일에만 매달려 정작 중요한 일을 뒤로 미뤄서는 안 된다는 것이다. 궁극적인 전략은 비교적 쉬운 일로 성취감을 얻고, 이를 발판 삼아 더 어려운 일에 도전하는 선순환 구조를 만드는 것이다. 가벼운 러닝으로 몸을 풀고 점차 속도를 높여가듯, 난이도를 점진적으로 조절해가며 목표에 다가가는 지혜가 필요하다.

마라톤 선수가 42.195km의 결승점을 보고 달리면 지치기 마련이지만, 코스를 잘게 쪼갠 후 작은 목표로 만들어 달리면 완주할 수 있듯이, 우리의 자기계발 과정도 작은 실천들이 모여 큰 성과로 이어진다.

매일 30분씩 전공 서적을 읽고, 하루 10개의 영어 단어를 암기하고, 매일 1km씩 달리는 작은 습관들. 그 자체로는 미미해 보일지 모르지만 몇 개월, 몇 년 꾸준히 실천한다면, 어느새 여러분을 성장시키는 일상의 습관이 될 것이다. 시간이 흘러 돌이켜보면, 그 작은 시도들이 인생의 획을 긋는 변곡점이 되어 있을지 모른다.

오늘의 자기계발을 어떤 작은 실천으로 시작해 보겠는가? 가장 중요한 것은 습관을 지속할 수 있는 현실적인 계획을 세우는 것이다. 지나치게 큰 욕심보다는, 할 수 있는 일부터 실천하며 진전의 느낌을 만끽하는 게 좋다. 작은 변화들이 모여 큰 변화를 이끌어낼 수 있다는 믿음 하나만 있다면, 그 어떤 목표라도 결국은 이뤄낼 수 있을 것이다.

물론 계획대로 되지 않는 날도 있을 것이다. 하지만 포기하지 말고 다음 날 다시 도전하는 것이 중요하다. 그렇게 작은 실천을 이어간다면, 어느 날 문득 성장한 자신의 모습을 발견하게 될 것이다. 그 힘으로 더 큰 목표에 다가설 수 있다. 바로 작은 변화의 힘을 믿고 한 걸음씩

내딛는 것, 그것이 우리가 습관의 힘을 길러내는 지혜로운 방법이다.

습관은 인생의 자동 내비게이션과 같다. 목적지를 향해 정확한 방향을 잡아주고, 방해요소가 있어도 다시 경로를 잡아주는 존재다. 작은 실천을 통해 그 내비게이션을 하나하나 세팅해 나간다면, 어느 순간 여러분은 꿈꾸던 목표에 성큼 다가가 있는 자신을 만나게 될 것이다. 지금 바로, 가장 작고 쉬운 것부터 행동으로 옮겨보자. 인생을 변화시킬 위대한 습관의 힘은 바로 그 작은 실천에서 시작될 테니 말이다.

짬 나는 시간
100%
활용하기

우리 장병은 당직근무, 경계근무, 훈련, 비상상황 등 불규칙한 생활 패턴으로 어렵게 다잡은 마음도 그리 오래가지 못하는 경우가 잦다. 상황이 이렇다 보니 업무 이외에 자기계발을 시도하는 것 자체가 배부른 소리처럼 느껴질 때도 있을 정도다. 그렇다면 장병의 바쁜 일상 속에서도 업무와 자기계발을 조화시키는 방법은 없을까? 효율적으로 시간을 관리하는 방법은 없을까?

여러분의 우선순위는 구분되어 있는가?

세상에서 가장 공평한 것이 시간이라고 한다. '일론 머스크' 같은 세계 최고 부자라도 하루가 24시간이라는 것은 우리와 같다.

모두에게 공평하게 주어진 시간을 어떻게 활용하느냐에 따라서 그 결과는 천차만별이다. 그리고 성공한 많은 사람은 자신의 성공비결을 시간 관리로 꼽는다. 그러나 시간을 어떻게 관리해야 하는지에 대해 관심을 두는 장병은 의외로 드물다. 여러분은 소중한 시간을 어떻게 활용하고 있는가?

'스티븐 코비의 시간 관리 매트릭스'를 보면 모든 일을 '중요하고 긴급한 일', '중요하지만 긴급하지 않은 일', '중요하지 않지만 긴급한 일', '중요하지 않고 긴급하지 않은 일' 등의 4가지로 구분한다.

만약 '중요하고 긴급한 일', '중요하지만 긴급하지 않은 일'을 중심으로 시간을 관리한다면 성공적으로 시간을 사용할 수 있을 것이다. 하지만 급한 마음에 '중요하지 않지만 긴급한 일'이나 '중요하지 않고 긴급하지 않은 일'에 집중하고 있지는 않은지 한번 돌아볼 필요가 있다.

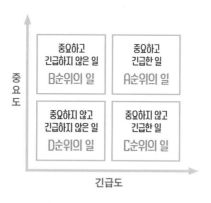

스티븐 코비의 시간 관리 매트릭스

'스티븐 코비의 시간 관리 매트릭스'가 우리에게 주는 가장 큰 교훈은 '나의 하루는 계획되어 있느냐?'이다. 위와 같이 나의 일을 4가지로 구분할 수 있는 것은, 나의 할 일이 계획되어 있다는 것이 전제되어야 하기 때문이다.

매일 To-Do list를 작성해보자

시간 관리에서 가장 중요한 부분은 '내가 시간을 어디에, 어떻게 사용할 것인가'를 미리 파악하고 계획하는 것이다. To-Do list로 관리해야 할 항목들은 한 주나 일일 단위의 비교적 짧은 시간에 해야 할 목록을 작성하는 것이 핵심이다.

매일 이 리스트를 작성하는 것만으로도 이 순간 내가 무엇을 해야 하는지, 지금 나에게 중요한 이슈는 무엇인지 등이 분명해진다. 매일 자기 전 또는 일과를 시작하며 리스트를 작성해보자. 몇 분의 투자만으로도 나의 하루에 대한 방향성을 가지고 인생을 주도적으로 살 수 있게 된다. 게다가 시간의 효율성이 눈에 띄게 개선된다.

To-Do list 초안을 작성했다면 '스티븐 코비의 시간 관리 매트릭스'를 참고하여 일의 중요도와 긴급한 정도에 따라 우선순위를 정해보자.

우선순위를 정하며 장병 여러분이 고려해야 할 점이 있다. 의욕을 앞세워 너무 많은 리스트를 만들지 말아야 한다는 것이다. 과도한 리스트 작성과 시간 관리는 자신을 쉽게 지치게 한다. 또한, 할 일에 대한 부담감으로 오히려 시간 관리 효율성을 떨어뜨릴 수 있다. 따라서 자신의 능력과 역량을 고려해서 리스트를 조절하는 것이 중요하다. 그리고 여유를 가지고 주위를 둘러보는 시간을 갖기 위하여 '중요하지 않고 긴급하지도 않은 일' 또한 여러분에게 필요하다는 것을 인식했으면 좋겠다.

To-Do list를 완벽하게 작성하더라도 여전히 실천은 어렵다. 리스트 실천을 도와주는 팁은 앞서 소개한 것처럼 리스트 중에 가장 쉬운 것을 먼저 하는 것이다. 예를 들어 '관물대 정리하기'가 리스트에서 가장 쉬운 내용이라면 먼저 해보자. 어렵지 않게 리스트에 있는 내용을 실천하고 나면 나머지 목록에 대해서도 자신감이 생기고 부담도 적어진다. 하루의 시작은 가벼울수록 좋다.

자투리 시간을 놓치지 마라

목표와 할 일을 잘 관리하더라도 시간은 언제나 부족하게 느껴진다. 따라서 내가 하루에 활용할 수 있는 시간을 정확하게 파악하는 것도 중요하다. 군 생활 중에는 개인에게 주어지는 시간이 많지 않기 때문에 자투리 시간을 활용하는 것이 중요하다. 자투리 시간을 정리해보면 일과 시작 전 30분, 점심시간 1시간, 일과 후 2시간 30분, 연등 1시간 등 총 5시간 정도 된다.

물론 부대별로 상황과 여건이 다를 수 있고 마음 놓고 있으면 순식간에 흘러가 버릴 수 있는 시간이지만, 자투리 시간 중 1~2시간 정도만이라도 자신에게 투자해 보는 것은 어떨까? 지금 바로 여러분이 활용할 수 있는 자투리 시간을 계산해보자.

　지금까지 시간 효율을 높이는 방법에 대해 살펴봤다. 주어진 일을 하는 것만으로도 바쁘고 힘들다는 장병들의 마음은 백번 이해한다.

　하지만 우리에게 주어진 시간을 소중히 여기고 시간을 쪼개 노력하다 보면 삶을 이끌어가는 주체가 나 자신이라는 것을 느끼게 된다. 또 이런 긍정적인 생각들이 군 생활뿐만 아니라 여러분의 전역 후 삶을 건강하게 이끌 것이라 확신한다.

목표가 있는 장병
VS
목표가 없는 장병

"지금 나에게 삶의 목표가 있는가"라는 질문에 명쾌하게 답할 수 있는가? 안타깝게도 많은 이들이 이 질문 앞에서 머뭇거리곤 한다. 특히, 군 복무 중인 장병들은 사회와 잠시 떨어져 있다 보니 자신의 목표를 갖기가 쉽지는 않을 것이다. 물론 목표가 없다고 너무 걱정할 필요는 없다.

대부분의 장병은 20대 초중반으로 한창 진로를 고민할 시기다. 진로 고민은 그들의 생에 주기상 너무나 당연한 것이다. 모두가 진로를 고민하지만, 진로 목표가 뚜렷한 장병도 있고, 아직 목표가 뚜렷하지 않거나 없는 장병도 있다. 진로 목표의 유무에 따라 장병들의 자세와 전략은 다를 수밖에 없다.

뚜렷한 목표가 있다면?
구체적인 실천 계획을 세워보자

진로에 대해 고민하던 K 상병은 행정병으로 복무하며 장래 희망을 찾았다. 전역 후 상위권 대학 경영학과에 진학해 HR 전문가가 되는 것을 목표로 하였다. 목표 달성을 위해 K 상병은 일과 후 시간을 활용하여 대입 수능 준비와 매월 1권씩 경영 관련 서적 읽기 계획을 세운 후 꾸준히 실천하고 있다. 이처럼 뚜렷한 목표가 있다면 이를 달성하기 위한 실천 계획을 구체적으로 세워야 한다.

우선 목표 달성을 위한 학습 계획을 세워보자.

독서나 온라인 강의 등을 활용해 학습을 꾸준히 하는 것이 중요하다. 또한 배운 내용을 실제로 적용해볼 기회를 만드는 것도 좋다. 예를 들어 마케팅에 관심 있다면 부대 행사 포스터를 직접 제작해보거나, 군에서 주최하는 공모전에 참여해보자. 이론과 실무 능력을 동시에 기를 수 있는 좋은 기회가 될 것이다.

둘째, 자격증 취득에 도전해보자.

관심 분야의 전문성을 인정받을 수 있는 국가기술자격증을 따는 것은 경력 형성에 큰 도움이 된다. 뒤에서 설명하겠지만 많은 부대에서 자격증 취득을 지원하는 프로그램을 운영하고 있으니 이를 잘 활용할 필요가 있다.

셋째, 목표 직업과 관련된 경험을 쌓을 방법을 찾아보자.

희망 직종에 종사하는 간부나 선임의 조언을 구하고, 그들의 업무를 보조해보는 것도 좋은 방법이다. 휴가를 이용해 관심 기업을 탐방하고, 현직자와 인터뷰를 해보는 것도 도움이 된다.

목표가 뚜렷하고 계획을 수립했다면, 그다음은 꾸준한 실천이 중요하다. 때로는 높은 난이도의 훈련으로 인해 피로가 쌓일 때도 있겠지만, 목표를 향한 열정을 잃지 않도록 신경 써야 한다. 무리한 계획보다는 작은 실천에 초점을 두어 매일 반복한다면, 어느새 성장해 있는 자신을 발견하게 될 것이다.

아직 목표가 없다면?
일단 행동하며 목표를 찾아가자

진로에 대해 고민은 하지만, 여전히 목표가 막연한 장병들도 있다. S 일병은 "뭘 해야 할지, 무엇을 하고 싶은지 모르겠어요. 전역 후 진로가 막연해요"라며 한숨 짓는다. 이처럼 뚜렷한 목표가 없어 방황하는 이들에게는 조금 다른 접근이 필요하다.

목표가 없는 장병들은 대부분 경험이 부족한 경우가 많다. 방향을 잡지 못하는 장병에게 물어보면, 자신이 뭔가를 결정하고 시도해본 경험이 거의 없다. 심지어 아르바이트나 학원 등록, 운동 등도 자신의 결정이 아닌 부모의 권유로 선택하고 진행한 경우도 많다.

그래서 이런 유형의 장병들에게는 작은 것 하나라도 스스로 결정하고 해볼 것을 권한다. 하지만 지금까지 해오지 않던 행동이라 쉽지는 않을 것이다. 그래서 먼저 다음과 같은 여러 가지 활동을 해보길 바란다.

가장 먼저 할 일은 자신에 대한 이해의 폭을 넓히는 것이다. 평소 어떤 일에 흥미를 느끼고, 어떤 강점이 있는지 곰곰이 생각해보자. 혹시 인생의 롤모델이 있다면 그들의 삶을 좇아가 보는 것도 좋다. 이런 과정에서 자신에 대한 통찰이 생기고 열정이 느껴진다면, 그것이 바로 숨겨진 가능성일 수 있다.

주변의 도움을 적극적으로 얻는 것도 필요하다. 진로 상담 프로그램에 참여해 전문가와 함께 적성을 파악해보는 것도 좋다. 입대 전 만났던 선배나 복학생, 전우들에게 대학 생활과 진로 준비에 대해 조언을 구해도 좋다.

그리고 무엇보다 중요한 것은 맡은 임무를 최선을 다해 수행하는 것이다. 어떤 보직을 받든 성실한 자세로 임하다 보면 분명 자신의 장단점을 발견하게 될 것이다. 나아가 도전 정신을 발휘해 다양한 경험을 쌓는 것도 중요하다. 부대에서 실시하는 교육이나 동아리 활동에 적극 참여해보자. 예상치 못한 곳에서 재능을 발견하고 진로의 실마리를 찾게 될 수도 있다.

결국 열심히 생활하다 보면 목표는 언젠가 찾을 수 있다. 지금 할 수 있는 일에 최선을 다하고, 작은 기회도 놓치지 않아야 한다. 군 복무가 끝날 즈음엔 이 모든 과정이 소중한 자산이 되어 있을 것이다.

목표가 명확하다면 구체적인 계획을 세워 차근차근 실천해 나가보자. 목표를 향해 전진하는 여러분의 땀방울이 커다란 성취로 결실을 맺을 것이다. 아직 목표가 불분명하다면, 고민에 빠질 것이 아니라 당장 할 수 있는 것을 찾아 행동해야 한다. 자신을 탐색하고 가능성에 도전하다 보면 어느 순간 소중한 꿈과 목표를 만나게 될 것이다.

바쁜 장병
VS
여유 있는 장병

전역을 앞둔 장병과 상담하다 보면 계급을 막론하고 '전역하면 어떻게든 되겠지'라는 생각을 가진 사람이 많다. 물론 현재 부대 업무를 해야 하는 상황에서 전역 후 미래까지 대비하기에는 어려운 점이 많을 것이다. 하지만 군에서 자신의 진로를 고민하고 준비한 사람과 그렇지 않은 사람의 미래는 다르다.

필자가 커리어 컨설팅을 담당한 장병 중 전역 후 성공적으로 커리어를 쌓아가고 있는 사람들은 전역 전부터 전역 후를 적극적으로 대비했던 사람들이다.

군 생활 중 시간적 여유가 있는 장병이라면 자격증 취득과 같은 적극적인 준비를 할 수 있고, 여유가 없는 장병이라도 정보 수집과 계획 수립 정도는 할 수 있다. 적어도 전역 후의 진로에 관심을 갖고 준비하려는 마음만이라도 유지한다면 전역 후 삶의 질이 달라진다. 이번 글에서는 업무의 강도에 따라 준비할 수 있는 차별화된 '전역 준비 팁'을 소개한다.

바쁜 장병이라면

업무가 바쁜 장병은 시간이 많이 필요한 공인 어학시험, 자격증, 대기업·공기업 필기시험 준비와 같은 적극적인 활동은 무리가 있다. 물론 물러서지 않는 군인정신을 발휘한다면 성과를 거둘 수는 있겠지만, 효율성이 떨어진다. 이런 장병 중 일부는 마음은 조급한데 성과가 제대로 나오지 않아 스트레스로 무기력함을 느끼는 '번아웃 증후군(Burnout syndrome)'을 겪기도 한다. 상황이 이렇다면 무리하기보다는 전역 후를 계획하고 설계하는 것에 집중하기를 권한다.

첫 번째로 추천하는 방법은 '계획 수립'이다.

전역 후 내가 해야 할 일에 대한 계획을 세워봄으로써 미래에 대한 막연한 두려움을 해소하고, 전역 후 시간을 효율적으로 활용하는 기틀을 마련할 수 있다. 필요한 직무 경험, 자격증 취득 관련 일정, 내가 목표하는 기업의 채용 계획, 수강하고 싶은 교육, 직업 심리검사 일정, 취업 관련 지원 정책 등을 찾아보고 정리해 두는 것만으로 큰 효과를 볼 수 있다. 이를 목표·시간·장소로 나눠 구체적으로 기록하고 전역 후 하나하나 실행에 옮길 수 있도록 로드맵을 짜두면, 전역 후 방황하지 않을 수 있다.

두 번째는 '채용 포털 사이트 방문하기'다.

잡코리아와 같은 취업 관련 유명 사이트를 일차적으로 추천한다. 채용 포털 사이트에 올라오는 관심 기업과 직무의 채용공고를 읽어보면 현실 감각이 생길 뿐만 아니라, 어떤 준비를 어떻게 해야 할지 방향을 잡을 수 있다. 가능하면 회원 가입을 해서 원하는 지역, 관심 산업 및 기업, 희망 연봉, 학력 등을 지정해 걸러진 정보를 메일로 받아보길 추천한다. 기사를 매일 읽으면 세상이 어떻게 돌아가는지 알 수 있듯, 관심 채용정보를 매일 보다 보면 자신도 모르는 사이에 내가 원하는 기업에서 어떤 인재를 원하는지 자연스럽게 이해할 수 있다. 좀 더 여유가 있다면 취업과 관련된 정보가 있는 '인터넷 카페'나 '블라인드' 같은 커뮤니티도 활용하자.

세 번째는 주말과 휴가를 활용해 '관심 분야 취업자 만나기'다.

해당 분야 전문가를 만나면 그 분야의 현황과 특징, 취업 준비에 도움이 되는 조언 등 살아있는 정보를 얻을 수 있다. 또한, 정신적으로도 긍정적인 자극을 받을 수 있다.

업무로 바쁜 장병이라면 위 세 가지 방법 중 한두 가지만 실행해도 취업에 큰 도움을 받으리라 확신한다.

비교적 여유가 있는 장병이라면

전역 준비를 할 여건이 되는 장병이라면 위에서 제시한 내용과 함께 구체적인 실행을 권한다. 이제는 장병들도 일과 후 휴대전화 사용과 외출 제도를 잘 활용하여 충분히 자기계발을 할 수 있다. 자기계발을 할 때에는 우선순위를 따져 효율적으로 시간을 활용하도록 하자.

진로가 명확하지 않다면 널리 활용할 수 있는 것부터 준비하자. 요즘은 직무 중심의 채용 시대다. 기업들은 이 구직자가 실질적으로 원활하게 직무를 수행할 수 있는 능력을 갖추고 있는지를 '스펙'과 '경험'을 통해 확인하고자 한다. 그렇기 때문에 특정 지원 직무에 관한 '스펙'과 '경험'을 쌓을 것을 강조한다.

하지만, 진로가 명확하지 않은 장병은 어려운 일이다. 따라서 자신에게 맞는 직무를 탐색하면서 널리 활용할 수 있는 공인어학 시험, 컴퓨터활용능력 자격증, 한국사능력검정 시험 등을 준비하는 것이 유리하다. 언젠가는 필요하고 도움이 되는 자격증을 군에서 미리 확보해 두면, 전역 후에는 자신의 전문성을 높이는 데 시간을 더 투자할 수 있다.

진로가 명확한 장병이라면 자신의 전문 분야와 관련된 국가자격증을 취득하자. 자신의 수준에 맞는 기사, 산업기사, 기능사 등의 자격증 취득을 목표로 정하고, 응시하는 것이다. 군에서 필기 혹은 1차만 합격하더라도 절반의 성공을 이룬 셈이다. 또한 국방부·국방전직교육원 등에서 진행하는 채용박람회, 취업 직무역량 교육 등 취업 지원 서비스를 적극적으로 활용하는 것도 취업에 대한 감각을 유지하는 데 큰 도움이 된다.

과거 SNS의 어떤 글 하나가 떠오른다. 요리사인 이연복 셰프가 방송에서 한 말을 바탕으로 작성된 내용이었다. 내용은 이렇다.

방송에서 자신의 레시피를 다 공개하는 이 셰프를 보고 진행자가 "이걸 다 가르쳐주셔도 되나요?"라고 묻자, 이 셰프는 "가르쳐줘도 따라 할 사람만 하지 게으른 사람은 안 해요"라고 답했다.

알고 있는 것과 실천하는 것은 완전히 다른 차원의 영역이다. 현대그룹의 정주영 회장은 입버릇처럼 "이봐, 해 봤어?"라는 말을 했다고 한다. 고민하고 지식을 쌓고 정보를 얻는 것 모두 중요하지만, 결국은 실천해야 한다는 것이다. 여러분도 실행의 중요성을 생각하며 작은 것 하나라도 군에서 실천해보기 바란다.

SNS 활동으로
매달 1,000만 원 버는
전역자 이야기

군 생활 중에 자기계발의 영역은 어디까지 일까?

습관적으로 자기계발의 범위를 학업이나 자격증, 운동에 한정하고 있는 것은 아닐까? 전역 후 복학이나 취업, 진학 같은 일반적인 진로목표도 있지만, 실제 진로목표는 모두 다르다. 어떤 진로를 선택하느냐를 정하는 주체는 나 자신이다. 그리고 군 생활 중 진로를 선택하고 준비해 큰 성과를 거둔 사례는 생각보다 많다.

SNS로 매달 1,000만원 수익을 내는 인플루언서

S 병장은 군 생활 중 틈틈이 블로그를 운영했다. 평소에 피부 관리

에 관심이 많아 다양한 제품들을 사용해보고 후기를 꾸준히 포스팅했다. PX나 휴가 중 구매한 미용 관련 제품들로 꾸준히 블로그를 운영했고, 조회 수가 점차 늘어나 하루에 1만 명 이상 방문하는 블로그로 성장했다. 블로그가 어느 정도 성장하니 인스타그램으로 운영 범위를 확장했다. 개설 후 2개월 동안에 1만여 명의 팔로워를 확보했고 지속적으로 성장시켰다.

군 생활 중에는 군인 신분이라 광고나 협찬을 받지 않지만, 전역 직후부터 광고와 협찬이 쏟아져 들어오기 시작했다. 지금은 블로그와 인스타그램이 더 성장해 월 1,000만 원 이상의 수익을 내는 유명 인플루언서가 되었다.

군 생활 중 책 읽기와 글쓰기를 시작해
전역 후 작가로 활동

K 병장은 음악 전공으로 음악 활동에 영향을 받을까 봐 입대를 미루다 28살에 입대했다. 음악이 전공이니 군악대를 가려고 발버둥 쳤지만, 결국 '장갑차 조종수'라는 보직을 받아 군 생활을 시작했다. 군에서 새로운 도전을 하기로 마음을 먹은 K 병장은, 책 읽기를 시작했다. 입대 전에는 책을 라면 받침 정도로 여겼지만, 군 생활 동안 170여 권의 책을 읽으며 큰 변화가 생겼다.

그는 〈강원도민일보〉 독후감 대회 장려상, 병영문학상 입선, 국방일보·FKN 인터뷰, 〈좋은생각〉 문예대상 입선, 위풍당당스토리 공모전 당선 등 하나둘 씩 성과가 이어졌다. 최근에는 출판사에서 책을 출간하고, 그 책이 진중문고로 선정되기도 하였다.

군 생활 중 얻은 아이디어로 창업에 성공한 사업가

S 병장은 공군에서 정비병으로 복무 후 전우 2명과 함께 드론 교육 전문점을 창업했다. 공군 정비병으로 기본적인 정비기술을 익히고, 부대 내 드론 동아리 활동을 하면서 자연스럽게 드론 관련 창업을 결심하게 되었다. 21개월 봉급과 '장병내일준비적금' 제도를 적극적으로 활용해 3,000만 원을 모아, 총 9,000만 원으로 창업을 하였다.

군 생활 동안 평생을 함께할 전우를 만났고, 또 군 생활에서 배운 기술을 바탕으로 드론 창업 아이디어를 발견했다. 그리고 군 제도를 적극적으로 활용해 드론을 교육, 수리, 판매하는 비즈니스 모델을 만든 것이다.

군 생활에서는 자기계발이 어렵다고 생각하는 장병들도 있지만, 위 사례들처럼 오히려 군 생활에서 진로를 찾고, 준비하고, 실천하는 장병들도 많다. 결국은 내가 어떤 생각과 마음을 갖고 실천하느냐가 중요하고, 그에 따라 결과는 달라질 것이다.

앞으로 인생에서 진로를 설정하고 준비할 완벽한 환경은 영원히 오지 않는다. 지금 주어진 환경에서 진로를 찾아보고 또 진로목표를 달성하기 위해서 노력해보는 것은 어떨까?

계획된
우연의
법칙

　　우리는 흔히 인생에서 중요한 결정들이 자신의 의지와 계획으로 만들어진다고 생각한다. 그러나 실제로는 인생의 전환점이 우연한 사건에서 시작되는 경우가 많다.

　　심리학자 존 크럼볼츠는 "우리 선택의 80%가 우연에 의한 것"이라고 주장했다. 우리의 삶에서 발생하는 우연한 사건들이 진로에 큰 영향을 미친다는 것이다. 학교에서 만난 선배, 모임에서 우연히 만난 사람, 친구의 가벼운 조언, 영화의 한 장면 등 우연한 사건들이 우리 삶에 끼치는 영향은 생각보다 크다.

　　군 복무 중 만나는 전우들, 군이라는 새로운 환경에서 겪는 다양한 경험은 모두 우연한 사건들이라 할 수 있다. 그러나 이 우연한 사건들을 어떻게 받아들이고 활용하느냐에 따라 우리의 인생은 크게 달라질 수 있다. 우리는 우연한 경험과 만남을 통해 자신의 진로를 계획하고 발전시킬 수 있다.

계획된 우연의 법칙

그렇다면 어떻게 하면 우연을 긍정적으로 활용할 수 있을까? 여기 '계획된 우연'을 위한 몇 가지 법칙을 소개한다.

법칙1 : 가능한 많은 우연을 만들어라

삶에서 많은 우연을 경험하면 그만큼 다양한 기회를 얻을 수 있다. 새로운 사람을 만나고, 새로운 경험을 쌓아가는 것 자체가 나중에 큰 기회를 가져다줄 수 있다. 군 복무 중에 다양한 활동을 통해 많은 사람을 만나고 다채로운 경험을 할 수 있다. 이러한 만남과 경험들은 나의 생활에 큰 영향을 주는 것은 물론, 나중에 큰 도움이 될 수도 있다.

법칙2 : 모든 사건에는 의미가 있다

내게 쓸모없는 사건이나 만남은 없다. 모든 사건은 내가 어떻게 받아들이고 활용하느냐에 따라 의미가 달라질 수 있다. 내가 겪은 모든 일은 경험으로 쌓여 나를 성장시켜 줄 것이다. 군 생활 중 겪는 어려움이나 도전들은 모두 나중에 큰 자산이 될 수 있다. 이러한 경험들은 나중에 자신이 어떤 상황에서도 잘 대처할 수 있는 능력을 길러 줄 것이다.

군 생활 속 우연이 커리어에 미치는 영향

군 생활 중 만난 전우와의 대화를 통해 창업 아이디어를 얻은 K 병사의 이야기를 들어보자. K 병사는 군 복무 중 비슷한 관심사를 가진 전우와 친해졌고, 그와 깊은 대화를 나누면서 군 복무 후 함께 창업하자는 계획까지 세웠다. 이 작은 우연한 만남이 전역 후 사업 실현의 발판이 된 것이다.

다른 예로, L 병사는 군 복무 중 자주 접했던 컴퓨터와 IT 기술에 흥미가 생겨 전역 후 관련 학과에 진학하고, IT 전문가로서의 길을 걷고 있다.

이러한 사례들은 모두 우연한 만남과 경험이 어떻게 인생의 중요한 전환점이 될 수 있는지를 보여준다.

또한, A 병사는 군 복무 중 행정병으로서 문서 작성 업무를 했다. 처음에는 어려움을 겪었지만, 단축키를 외우고 새로운 방법을 공부하는 등 꾸준히 노력해 문서작성 능력을 크게 향상시켰다. 이러한 경험은 전역 후 취업에 큰 도움이 되었고, 현재는 대기업의 영업 관리 부서에서 활약하고 있다. 작은 우연한 기회가 그의 진로에 큰 영향을 미친

것이다.

스티브 잡스의 우연과 긍정의 이야기

　스티브 잡스는 스탠퍼드 대학교 졸업 연설에서 "미래를 내다보면서 모든 일의 연결 고리를 알 수는 없지만, 과거 일들의 연결 고리는 볼 수 있습니다"라고 말했다. 그는 대학에서 서체를 공부를 했는데, 당시에는 그게 큰 의미가 없었다. 그러나 10년 뒤 그 지식을 바탕으로 컴퓨터 서체를 개발하면서 큰 성공을 거두었다.

　지금 내가 우연히 경험한 것들이 미래에 큰 영향을 미칠 수 있다는 걸 알아야 한다. 군 복무 중에도 우리는 다양한 경험을 할 수 있다. 이러한 경험들을 긍정적으로 받아들이고 활용할 준비가 되어 있어야 한다.

　'계획된 우연의 법칙'은 우리의 삶을 풍요롭게 만드는 중요한 원칙이다. 우연한 기회들을 놓치지 않도록 준비하고, 작은 행동들을 계속해나가면, 그것들이 모여 큰 성공으로 이어진다.

　군 생활에서 다양한 경험을 쌓고, 그 경험들을 긍정적으로 활용하는 것이 중요하다. 그렇게 하면 전역 후에도 큰 성공을 이룰 수 있다. 군 생활에서의 작은 경험들이 모여 큰 기회로 이어진다는 것을 기억하자. 우연을 계획적으로 활용하여 더 나은 미래를 설계해보자.

군 복무 중 만나는 전우들, 군이라는 새로운 환경에서 겪는
다양한 경험은 모두 우연한 사건들이라 할 수 있다.
그러나 이 우연한 사건들을 어떻게 받아들이고
활용하느냐에 따라 우리의 인생은 크게 달라질 수 있다.
우리는 우연한 경험과 만남을 통해
자신의 진로를 계획하고 발전시킬 수 있다.

2

군 생활
자기계발 4단계
로드맵

'군 복무 성숙 4단계'는 군 복무 단계에 맞게 자기계발 전략을 수립함으로써 군 복무를 안정적으로 수행하며, 효율적인 자기계발을 할 수 있도록 개발한 프로세스다. 군 복무 성숙 4단계는 '적응기', '향상기', '안정기', '전역준비기'로 나뉜다.

4단계 전략으로
군 생활을
디자인하라

군 복무 중의 자기계발은 시기마다 달라야 한다. 갓 입대한 장병의 자기계발과 군 생활에 적응하고 익숙해진 장병의 자기계발은 다를 수밖에 없다.

군 복무를 시작한 지 얼마 안 된 장병들을 상담하면 "군에서 자기계발을 하고 싶은데 적응하느라 바빠 도저히 엄두가 나지 않습니다. 어떻게 하면 좋을까요?"와 같은 질문을 자주 한다. 새내기 장병들은 새로운 환경에 적응해야 하는 한편, 군에서 자신이 맡은 역할을 이해하고, 관련 기술 및 능력을 익혀야 하기 때문에 자기계발에 시간을 내기가 어렵다.

군 복무에 적응하는 것이 자기계발의 시작

자기계발에 관심은 많으나 입대한 지 얼마 안 된 장병들에게 가장 강조하는 부분은 '군 복무 적응'이다. 초기 군 생활에 집중해 부대 지휘관과 전우들에게 긍정적인 평가를 받는다면, 자기계발에서 비교적 많은 배려를 받을 가능성이 높다. 반대로 본인의 역할을 잘 수행하지 못해 부정적인 평가를 받는다면, 자기계발 여건을 배려받기 어려울 것이다.

또한, 자기계발에서 가장 중요한 부분이 '정서적 안정'이다. 특히 자신이 사랑받을 만한 가치가 있는 소중한 존재이고, 어떤 성과를 이뤄낼 만큼 유능한 사람이라고 믿는 마음인 '자아존중감'이 자기계발에서 가장 중요한 심리적 요인으로 작용한다.

예컨대, 부대에서 주변 장병들에게 좋은 평가를 받고 있고 심리적으로도 안정된 장병은, 큰 부담 없이 자기계발에 집중할 수 있다. 반대로 평소 주변으로부터 신뢰받지 못하고 심리상태도 불안정하다면 자기계발에 집중하기 어려울 것이다.

즉, 초기 군 생활에 집중하여 주변으로부터 인정받고 자신 스스로에 대한 만족감을 느낀다면, 자기계발에 긍정적인 심적·환경적 여건을 갖추게 된다. 이처럼 본연의 역할과 임무에 충실하지 못하면 결국 자기계발도 할 수 없는 상황에 놓이게 된다.

따라서 군 복무 초기에는 자기계발을 할 수 있는 주변 여건을 만들어 가는 시간으로 생각하고, 그에 따른 준비를 하는 것이 중요하다. 군도 하나의 작은 사회이기에 군에 적응하기 위해서는 나름의 노력이 필요하다. 배우고, 익히고, 이해하는 데 나름의 시간이 걸린다. 자기계발을 하고자 하는 욕심에 이 시간을 아까워해서는 안 된다. 이 시간 또한 자기계발을 위해 중요한 시간이라는 것을 이해한다면, 낭비하는 시간이 아닌 준비하는 시간으로 인식을 전환할 수 있다.

군에서 자신의 장점 발견하기

군 생활이 자기계발에 도움 되지 않는다고 생각하는 대부분 장병의 머릿속에는 '자기계발=스펙'이라는 도식이 있다. 하지만 자기계발을 좀 더 넓은 관점에서 보면 단순히 스펙을 쌓는 것을 넘어 자기 자신을 깊이 이해하고, 자신의 장점을 찾아내는 것도 포함된다.

전역한 A 장병의 경우 군 생활하는 동안 행정병 역할을 수행하면서 문서 작성 재능이 있음을 알게 되었고, 이러한 장점을 바탕으로 취업에 성공할 수 있었다. K 장병의 경우 분대장으로서 분대원들과의 긴밀한 대화를 나누던 중 사업에 대한 핵심 아이디어가 떠올랐고, 이를 메모해 뒀다가 전역 후 창업하기도 하였다. 또한, C 장병은 장병 정신교육용 영상 제작 임무를 수행하면서 자신이 영상 기획과 제작에 흥미와 능력이 있다는 것을 알게 되었다. 그는 전역 후 영상 업계에서 일하면서 국제 스포츠대회 유치 동영상을 제작하는 단계까지 이르렀다.

위 사례들과 같이 군 생활 속에서 자신의 새로운 모습을 발견하고, 자신의 비전을 설계하는 것도 큰 의미에서 자기계발이라 할 수 있다. 군 복무 동안 자신에게 주어진 역할과 임무에 집중하면서 자신의 새로운 모습과 장점을 탐색해보는 시간을 갖기를 권한다. 자신의 진로를 설정하는 것만으로도 자기계발 범위를 정하고 집중해야 할 포인트를 결정하는 데 도움이 된다.

'군 복무 성숙 4단계'를 적용해 군 복무를 설계해보자

'군 복무 성숙 4단계'는 군 복무 단계에 맞게 자기계발 전략을 수립함으로써 군 복무를 안정적으로 수행하며 효율적인 자기계발을 할 수 있도록 개발한 프로세스다. 군 복무 성숙 4단계는 '적응기', '향상기', '안정기', '전역준비기'로 나뉜다.

1단계 : 적응기	2단계 : 향상기	3단계 : 안정기	4단계 : 전역준비기
군 복무 적응	군생활/자기계발 목표 세우기	자기계발 실천	진로 결정 및 준비
• 군 구조와 체계 이해 • 주특기별 군사 지식 습득 • 체력관리 • 동료와의 유대 강화 • 긍정적 마음가짐	• 주특기별 전문기술/지식 습득 • 구체적 목표 세우기 (만다라트) • 자기계발 기초 마련 (영어, 독서 등) • 관심 분야 찾기	• 전문성 구축 및 자기계발 • 진로 고민, 진로/직무 탐색 • 어학시험, 자격증취득 • 학점 취득 • 취미활동(운동, 독서 등)	• 진학과 취업 진로 확정 • 전역 후 커리어 로드맵 설정 • 진로 관련 자격증 취득, 스터디 활동 • 외국어 능력 향상 • 커리어 완성

각 단계별 기간은 3개월, 6개월, 6개월, 3개월로 이는 육군 용사를 기준으로, 이병~병장으로 복무하는 기간과 동일하다. 군에서 조직의 효율성과 계급별 임무와 역할 배정을 위해 계급을 나누듯이, 자기계발 활동도 단계를 나누어 체계적으로 준비해야 한다.

각 단계별로 적합한 목표는 무엇이어야 하고 주요 활동에는 어떤 것이 있는지 등을 세부적으로 함께 알아보자.

적응기(3개월)
적응의
시기

먼저 '적응기'는 막 군인이 된 시기, 입대 후 3개월 (단기 복무 간부의 경우 전입 후 6개월 내외)에 해당하는 시기이다. '적응기'의 가장 큰 목표는 오롯이 군 복무에 적응하는 것이다. 군 복무 초기에 군 생활에 빠르게 적응한다면 이후의 원활한 군 생활의 원동력이 될 것이다.

복무 초기에는 모든 것이 낯설다. 규율, 훈련, 생활 방식 등 새로운 환경에 적응하기 위하여 충분한 시간을 투자해야 한다. 또한 새로운 환경에 적응하기 위해서는 많은 에너지가 필요하다. 이런 상황에서 자기 계발에 도전한다면 군 생활 적응에 도움이 되지 않으며, 이는 스트레스와 불안감으로 이어질 수 있다.

따라서 적응기에는 군의 환경과 체계를 이해하고, 군사 지식과 전투능력을 쌓는 데 노력해야 한다. 이른바 '진정한 군인'이 되기 위한 활동에 집중해야 한다.

먼저, 기초 군사훈련, 사격 훈련, 전술 교육과 같은 프로그램에 적극적으로 참여하는 것이 중요하다. 앞으로 군 복무에 도움이 되는 지식과 업무를 익히고, 군인으로서 갖추어야 할 체력 증진에도 적극적으로 임해야 한다.

다음으로 중요한 것은 동료와의 유대 강화 활동이다. 이병으로 복무하는 시기의 주변 전우는 모두 나보다 군에 대해 잘 알고, 부대 내 다른 전우들과 관계를 맺어본 사람들이다. 따라서 이들과 교감하고, '우리'의 영역으로 녹아드는 것이 중요하다.

정신적인 안정을 유지하는 것 또한 중요하다. 새로운 환경, 겪어보지 않은 내일에 대한 걱정은 자꾸만 나를 불안하게 만들 수 있다. 따라서 개인 정비 시간에 할 수 있는 명상이나 운동과 같이 마음을 안정시키고 스트레스를 풀 수 있는 방법을 마련해 두는 것이 좋다.

다음으로 건강 관리이다. 군 복무 적응기에는 체력 훈련뿐만 아니라 충분한 수면, 균형 잡힌 식사, 개인 위생관리 등 신체 건강을 바로 잡는 시기로 활용하는 것이 좋다. 새로운 환경으로 건강 균형을 잃기 쉬우니 건강을 잘 관리해야 한다.

마지막으로 작은 목표 설정와 성취이다. 군 생활 초기에는 큰 목표보다는 작은 목표를 설정하고 하나씩 성취하는 것이 좋다. 예를 들어, 모르는 용어 배우기, 업무 절차 이해하기 등 작은 목표를 설정하고 성취하면서 자신감을 높이는 것이 좋다.

향상기(6개월)
자기계발의 여건을
만드는 시기

이른바 '막내' 생활을 하며 군 적응에 힘쓴 시기가 순식간에 지나가고, 어느덧 '일병'으로 진급하게 된다. 그리고 제법 군인다운 모습이 되어 있다. '향상기'는 이러한 시점에서의 6개월(단기 복무 간부의 경우 전입 후 1년 이내)을 의미한다.

이 시기는 주어진 임무 수행 능력을 높이는 동시에 자기계발 여건을 만들어나 갈 수 있다. 앞서 3개월간 군에 적응하기 위한 충분한 노력을 해왔기 때문에 자기계발의 여건을 만들 기회가 주어진다. 물론 적응기에 다소 어려움을 겪은 장병들도 있겠지만, 지금부터 잘하면 된다. 늦은 때는 결코 없으니 말이다. 이 소중한 기회에 놓치지 않기 위해 '만다라트 기법'을 통해 자기계발을 포함한 군 생활의 목표를 세우고 구체화해보자.

만다라트 목표 구체화 방법

계획을 수립할 때 가장 첫 단계는 머릿속의 계획을 쏟아내 보는 것이다. '만다라트'는 생각을 쏟아내는 데 유용한 도구이다.

만다라트는 일본의 디자이너 이마이즈미 히로아키(今泉浩晃)가 개발한 발상 기법으로 'manda+la+art'를 결합한 용어이다. manda+la는 '목적을 달성한다'라는 뜻이고, manda+art는 '목적을 달성하는 기술'을 의미한다. 지금은 세계적인 야구선수가 된 오타니가 활용한 방법이라 하여 화제가 되기도 했다.

만다라트는 목표와 관련한 계획을 마음껏 쏟아 낼 수 있다는 장점이 있다. 또 내가 이루고 싶은 중심 목표를 기준으로, 목표를 이루기 위해서는 어떤 계획이 필요한지를 한눈에 살펴볼 수 있다.

만다라트는 아래 표와 같이 총 81칸으로 구성되어 있다. 복잡해 보일 수 있지만, 실제 사용하는 방법은 그렇게 어렵지 않다.

1. 핵심목표를 만다라트 중앙에 있는 칸에 작성한다.
2. 핵심목표를 둘러싼 색 칸에 핵심목표를 이루기 위한 8개의 세부목표를 작성한다.
3. 같은 색 칸에, 세부목표 칸에 쓴 세부목표를 작성한다.
4. 세부목표를 둘러싼 칸에 세부목표를 달성하기 위한 실천계획을 작

성한다.

아래 예시와 같이 '성공적인 군 생활'을 목표로 한다면, 건강, 취미, 도전, 마음관리 등의 세부목표를 바탕으로 실천계획들을 수립할 수 있다.

또 다른 예로 '외국계 기업 취업'을 목표로 설정했다면 세부목표로 영어공부, 면접기술, 직무탐구 등을 생각해볼 수 있다. 영어공부라는 세부목표를 실천하기 위해 토익 공부, 영어 신문 읽기, 미드 시청 등으로 실천계획을 세울 수 있다.

이렇게 핵심목표를 실천단위까지 쪼개 보면 핵심목표를 달성하기 위해서 무엇이 중요한지, 무엇부터 시작해야 할지가 뚜렷해진다.

필자는 매년 만다라트 계획을 통해 연간계획을 세운다. 연간계획을 수립하고, 한해의 목표를 이루기 위해 어디에 집중해야 하지 고민하면서 실천해 나간다. 그러다 보면 '계획된 우연' 이론과 같이 생각하지 못했던 방법들로 목표에 다가서 있는 경우가 많다.

이제 여러분의 차례다. 핵심목표와 세부목표, 실천계획을 수립해 보자. 계획을 수립하다 보면 그동안 생각해보지 못했던 세부목표와 실천계획을 발견하게 될 것이다.

교육 수강	목표 정하기	독서 하기	매일 5km 달리기	턱걸이 하기	영양제 먹기	대화문 열어놓기	감사함 갖기	애정 표현 하기
영어 공부	자기 계발	자격증 취득	정량 식사하기	건강	휴가 때 절주하기	식사 대접하기	가족	여행 가기
IT 지식 익히기	컨설팅 받기	관심분야 찾기	5KG 빼기	푸시업 하기	취침시간 지키기	편지쓰기	자주 전화하기	가족사진 촬영
솔선수범 하기	정리정돈 잘하기	항상 감사하기	자기 계발	건강	가족	책 읽기	악기 배우기	영화보기
짜증내지 않기	인간성	화내지 않기	인간성	성공적인 군생활	취미	음악감상	취미	한자공부
항상 웃기	인사 잘하기	쓰레기 줍기	병영생활	마음관리	도전	노래 배우기	동아리 활동하기	캘리 그래피
무도단증	분대원 상담	규정 지키기	정리정돈	미루지 않기	일기쓰기	저축하기	특급전사	해외파병
동기들과 잘지내기	병영생활	후임병 격려하기	배려하기	마음관리	걱정하지 말기	책 쓰기	도전	봉사활동
임무 상기하기	상관 따르기	주특기 훈련철저	긍정적 사고	명상	명언듣기	블로그 운영	마라톤 완주	담배끊기

- 만다라트를 활용한 계획 세우기 예시 -

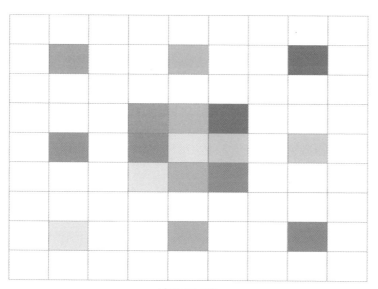

- 만다라트 양식 -

만다라트 계획을 수립하면서, 표를 꽉 채우겠다는 욕심은 버리는 것이 좋다. 어떤 세부목표는 8칸을 다 채울 수도 있지만, 어떤 세부목표는 두세 가지밖에 나오지 않는다. 무리해서 모든 칸을 채우기보다는 꼭 필요하고 실천 가능한 실천계획을 다양하게 고민하는 것이 필요하다.

향상기가 되었다고 해서 적응기에 비해 굉장히 많은 시간적 여유가 생기거나, 군 생활 노하우가 축적되진 않았을 것이다. 따라서 너무 조급하게 생각하면 오히려 역효과가 날 수 있다. 그러니 향상기에는 '만다라트 양식 등을 통해 목표 달성을 위한 효율적인 기반과 계획을 마련한다' 정도로 생각하면 좋다.

만타라트 기법을 활용하여 계획을 세웠더라도 모든 것이 준비된 것은 아니다. 향상기에는 나에 대한 충분한 분석도 함께 진행하여야 한다. 나의 장점과 단점을 파악하고, 이를 바탕으로 자기계발 목표를 수립하고, 더 나아가 달성 가능한 목표인지를 냉정하게 분석해야 한다. 그 어떤 뛰어난 계획이라도 실천하지 않는다면 의미가 없다. 이 기간 목표를 뚜렷이 하고 하나라도 실천에 옮겨 보자.

안정기(6개월)
본격적인
자기계발의 시기

향상기가 지났다면 어느덧 군 복무 기간의 절반이 지난 시점이다. 이제는 군에 대한 이해와 적응이 어느 정도 마무리되었고, 정해진 일과 시간 외의 시간을 보다 자기주도적으로 활용할 수 있다. 이 시기를 안정기라고 한다. 안정기는 상병의 계급으로 군 복무를 하는 시기이며, 입대 후 9개월에서 15개월 사이의 기간(단기 복무 간부의 경우 전입 후 1년~2년의 기간)을 말한다.

이 시기는 본격적으로 자기계발에 내 시간을 투자해야 한다. 향상기까지는 워밍업(준비 기간)의 수준이었다면, 드디어 본격적인 자기계발이 시작된 것이다. 군에서 할 수 있는 자격증, 공인어학시험 등에 대한 도전은 물론, 학점과 학위 등을 준비하거나 취미나 특기와 관련해 적극적으로 활동할 수 있는 시기이다.

앞서 군 적응을 위한 '적응기'와 자기계발 여건을 만드는 '향상기'를 의미 있게 보낸 장병이라면, '안정기'는 미래에 대한 준비와 자기계발의 시기가 될 것이다. 아직 제대로 된 목표 설정을 하지 못했다면 향상기에 해야 할 일들을 살펴보고, 향상기 단계부터 준비하는 것이 좋다.

안정기를 더 체계적으로 계획수립하고 추진하기 위하여 SMART 기법을 활용할 수 있다. SMART 기법은 1981년 조지 도란(George T. Doran)이 제안한 목표 수립법이다.

이 기법은 SMART의 각 스펠링에 의미를 부여해 목표 또는 계획을 수립할 수 있도록 하였으며, 쉽게 적용할 수 있다는 장점이 있다. 개인 뿐만 아니라 기업에서도 널리 활용하고 있는 목표 수립 기법이다.

SMART(Specific, 구체적으로)

첫번째 'S'는 '목표는 Specific(구체적)이어야 한다'는 의미이다.

구체적인 목표는 목표 달성률과 밀접한 상관관계를 가지고 있다. 막연히 '올해 자격증을 하나 취득해야지'라고 생각하는 것과 '2025년 10월까지 컴퓨터활용능력 2급을 취득해야지'라고 마음을 먹는 것과는 상당한 차이가 있다. 보다 구체적으로 계획할수록 구체적으로 실천할 수 있으므로 실현 가능성이 커진다.

SMART(Measurable, 측정 가능하게)

두 번째 'M'은 '측정 가능하게 목표를 세분화하라'는 것이다. 아무리

어려운 목표라도 실현 가능한 수준으로 정교하게 나누어 세분화한다면 달성하기 수월해진다.

이렇게 세부적인 하위목표들을 세우고 하나하나 달성하면서 측정해 간다면, 성취감도 생기고 목표 계획 기간 내내 집중력을 잃지 않고 노력을 이어나갈 수 있다.

'토익성적 올리기'와 '현재 600점대의 토익성적을 매달 50점씩 높여 4개월 안에 800점으로 높이기'라는 목표를 비교해보자. 후자의 목표는 매월 자신의 토익성적을 측정하면서 보완 기준을 명확하게 할 수 있다. 반면에 전자는 목표는 있지만 측정 가능하지 않아 목표에 집중하기 어렵다. 따라서 목표를 수립할 때는 측정 가능하게 목표 기간이나 수준에 맞게 세분화하는 것이 중요하다.

SM**A**RT (Achievable, 달성 가능하도록)

세 번째 'A'는 '달성 가능한 목표를 세우라는 것'이다. 목표를 설정했다면 그것을 실현할 방법을 생각해야 한다. 목표는 목표 수준과 기간뿐만 아니라 본인의 기술, 능력, 태도, 비용 등을 고려해 달성 가능한 목표여야 한다.

또한, 세운 목표가 현재 상태에서는 달성하기 어렵다고 판단된다면, 현실적으로 달성 가능한 목표로 디자인해야 한다.

예를 들어, 대기업 취업을 목표로 하는 장병이라면, 대기업들이 보통 지원자격으로 요구하는 영어회화 자격 취득을 우선 목표로 하는 것이다. 곧바로 대기업 취직은 어려울 수 있지만 영어회화 자격은 현재 상황에서 충분히 달성 가능한 목표이다.

SMART(Realistic, 현실적으로)

'R'은 '현실적인 목표를 수립하라는 것'이다. 계획수립 초보자가 가장 실수하기 쉬운 부분이기도 하다. 계획수립에 있어 가장 중요한 것은 자신의 능력과 수준, 시기 등을 고려해야 한다는 점이다. 또한 자신의 능력과 수준을 과소평가하는 것도 성취를 방해할 수 있기 때문에 유의해야 한다.

따라서 목표 달성을 위해 단계를 구분하고, 그에 적합한 기간과 방법을 적용해서 세부목표를 달성하도록 구성하는 것이 중요하다. 또 계획을 진행하다 보면 자신의 상황과 맞지 않아 목표를 새롭게 디자인하는 것이 필요할 때가 있다. 하지만 이때에도 목표 수준을 낮추기보다는 기간과 투입되는 기술, 능력, 태도 등의 방법론을 변화시켜 목표에 근접하는 성과를 내도록 조정하는 것이 좋다.

SMART(Timely, 적절한 시간 배분)

마지막 'T'는 '적절한 시간 배분을 하라는 것'이다. 목표를 달성하지 못하는 사람의 특징 중 하나는 목표 달성에 필요한 시간을 적절히 배분하지 못한다는 점이다. 성공적인 목표 달성을 위해 먼저, 데드라인을 정하고 계획에 충분히 반영해야 한다.

이때 데드라인을 너무 여유 있게 잡는 것을 주의해야 한다. 계획 기간이 너무 길어지면 목표 의식이 흐려져, 오히려 목표 달성을 어렵게 할 수 있다. 따라서 목표하는 바에 따라 가장 효율적인 기간을 편성해야 한다.

시간 배분까지 마쳤다면 다음은 실천이다. 계획은 번듯하나 결과가 나오지 않는 이유는 실행하지 않기 때문이다.

구분	S (구체적으로)	M (측정 가능하게)	A (달성 가능한)	R (현실적인)	T (적절한 시간 배분)
( ) 목표					
( ) 목표					
( ) 목표					
( ) 목표					
( ) 목표					

- SMART 기법을 활용한 목표 수립하기 -

안정기는 자기계발을 적극적으로 추진해야 하는 시기이다. 따라서 계획을 수립하는 것에만 몰두하면 안 된다. 계획이라는 것은 언제든 수정할 수 있다. 그러니 어느 정도 계획을 수립했다면 우선 해보는 것이 중요하다. 많은 사람이 '아는 것이 힘이다'라는 말을 알고 있을 것이다. 하지만 필자는 '하는 것이 힘이다'를 강조하고 싶다.

안정기를 계획성 있게 실천하지 않고 지내버리면 자기계발의 코어

타임을 흘려버리는 셈이 된다. 그러니 이 시기에는 목표한 것을 추진하려는 노력이 반드시 필요하다.

전역준비기(3개월)
학업과
취업 준비기

처음 입대하여 힘들었던 시기가 엊그제 같은데 벌써 15개월이라는 시간이 지나고 '병장'으로 진급하게 된다. 그리고 전역할 날이 3개월가량밖에 남지 않게 된다(단기 복무 간부의 경우 전역 전 6개월 ~1년). 이 시기를 '전역 준비기'라고 한다.

이 시기에는 또 다른 불안과 걱정이 나를 괴롭힌다. 그간 군에 적응하여 훌륭히 군 복무를 하고 있는데, 이 환경에서 다시금 벗어나야 하는 시기가 오고 있는 것이다. '전역 후에는 무엇을 해야 할까?', '취업할 수 있을까?', '복학하면 무엇부터 해야 하지?' 등 생각의 소용돌이에 빠져들기 쉬운 시기이다.

하지만 걱정할 것은 없다. 우리는 이미 단계별로 계획을 세워 실천해 왔기 때문이다. 군 생활과 더불어 미래에 대한 계획도 세워봤고, 자격증, 어학시험, 학점 등 목표를 설정하고 착실히 성과를 내왔다.

이 시기에는 그간의 자기계발 성과를 발판삼아 전역 후 어떠한 방향으로 나아갈지에 대한 결정을 하고, 스펙을 최적화하는 과정을 진행해야 한다(특히 단기복무 간부의 경우 취·창업에 대한 명확한 목표를 가지고 준비해야 한다).

먼저, '안정기'에 활용하였던 SMART 기법을 활용한 목표 수립 절차를 보다 단기적으로 편성해볼 수 있다. 이 시기는 일반적으로 전역이 3개월 이내로 남았기 때문에, 3개월간 추진하고자 하는 목표를 설정하고, 실천할 수 있기에 소중한 기회이다.

또한, 진로에 대한 고민을 보다 깊게 해보길 권한다. 진로 설정에 관한 고민은 너무 빠른 것보다는 안정기나 전역준비기에 시작하는 것을 추천한다.

다른 시기보다 몸이 편한 만큼 생각처럼 실천력이 따라오지 않을 수도 있다. 하지만 이 시기야말로 자기계발을 할 수 있는 가장 좋은 때라는 것을 기억하길 바란다.

지금까지 '군 복무 성숙 4단계 프로세스'를 통해 어떻게 효율적으로 각 시기를 활용할지에 대해서 살펴보았다. 이 프로세스를 군 생활에 적용한다면, 안정적인 군 복무을 하면서 동시에 자신의 미래를 대비할 수 있을 것이라 확신한다.

'군 복무 성숙 4단계 프로세스'의 핵심은 자기계발에도 모름지기 상황에 맞는 시기와 단계가 있다는 것이다. 결국 현재 나의 상황과 이에 맞는 적합한 활동이 조화를 이루어야 하며, 단계별로 주어진 시간을 효과적으로 활용하며 실천해야 한다. 이것이 군 생활 속 자기계발의 핵심이라고 할 수 있다.

3장부터는 군에서 주어진 시간을 '어떻게' 활용하고, '무엇'을 하면 좋을지, 그리고 '왜' 그런 활동들을 해야 하는지 등을 소개하고 있다. 내 군 생활 그리고 내 미래를 위한 탐색은 지금부터 시작이다.

3

군에서 무료로
자기계발
할 수 있다고?

전문가에게 도움을 받는다는 것은 자신의 가능성을 최대한으로
끌어올릴 수 있는 현명한 선택이다. 다양한 프로그램을 통해 얻은
지식과 경험은 장병들에게 전역 후 큰 자산으로 돌아올 것이다.
취업과 진로에 대한 고민이 있다면, 지금 당장 전문가들을 찾아가
상담을 받아보자.

군 생활 중
학점 따는
3가지 방법

군에서도 학업을 이어갈 수 있다. 군 생활 중에 학점을 따면 학업의 흐름도 이어갈 수 있고, 전역 후 복학의 부담감을 크게 줄일 수 있다. 군에서 학점을 딸 수 있는 방법은 꽤 다양하다. 어쩌면 이미 학점을 따놓고도 모르고 있을 수 있다. 지금 당장 얻은 학점을 확인하고 추가적인 학점도 확보해보자.

먼저, 원격강좌를 통해 학점을 취득하는 방법이다.

군에서 학점을 취득할 수 있는 가장 일반적이고 대표적인 방법이다. 과거에는 '사이버지식정보방'에 자리를 확보해야 수강할 수 있었지만, 이제는 스마트폰으로 충분히 원격강좌를 수강할 수 있다. 그만큼 마음만 먹는다면 누구나 대학교 원격강좌를 수강할 수 있게 된 것이다.

대학교 원격강좌를 수강하는 방법은 나라사랑포털(http://www.narasarang.or.kr)의 '군 복무 중 학점 취득' 코너에 접속해 신청하면 된다. 입대 전 재학 대학의 원격강좌를 수강하는 것으로, 1학기 6학점을 취득(학교별로 학점 인정 범위는 다름)할 수 있다. 국방부에서 수업료의 80%를 지원해 계절학기 비용의 반값으로 학점을 취득할 수 있다.

대학교 원격강좌는 현역 병사, 상근예비역, 사회복무요원을 대상으로 진행하고 있다. 참여대학이 184여 개(2024년 1학기 기준)에 달해 혜택을 받을 수 있는 장병들의 폭이 넓다.

수강신청은 1학기는 2~3월에, 2학기는 8~9월에 할 수 있다. 물론 학교마다 수강신청 일정이 조금씩 다르기 때문에 학교별로 신청 시기를 확인해야 한다. 또한 평가 방법, 평가 시기도 학교별로 다양하니 미리 조사하는 것이 좋다.

원격강좌를 운영하고 있는 대학은 아래와 같다.

ICT폴리텍대, 가야대, 가천대, 가톨릭관동대, 가톨릭대, 가톨릭상지대, 강남대, 강동대, 강릉원주대, 강원대(춘천, 삼척), 거제대, 건국대, 건국대(글로컬), 건양대, 경기과학기술대, 경기대, 경남대, 경남정보대, 경동대, 경복대, 경북대, 경북전문대학, 경상국립대, 경상국립대, 경성대, 경운대, 경일대, 경희대, 계명대, 고려대, 고려대(세종), 고신대, 공주대, 광운대, 광주대, 구미대, 국민대, 군산대, 군장대, 극동대, 금오공과대, 나사렛대, 남부대, 남서울대, 단국대(천안, 죽전), 대구가톨릭대, 대구대, 대구예술대, 대구한의대, 대동대, 대전대, 대진대, 동국대(WISE), 동국대(서울), 동명대, 동신대, 동아대, 동양대, 동의대, 두원공과대, 마산대, 명지대, 명지전문대학, 목원대, 목포대, 목포해양대, 배재대, 백석대, 부경대, 부산가톨릭대, 부산경상대학, 부산과학기술대, 부산대, 부산디지털대, 부산외국어대, 사이버한국외국어대학, 삼육대, 상명대서울, 천안, 상지대, 서강대, 서경대, 서울과학기술대, 서울대, 서울디지털대, 서울시립대, 서울신학대, 서울장신대, 서울한영대, 서원대, 선문대, 성공회대, 성균관대, 세명대, 세종대, 송원대학, 순천대, 순천향대, 숭실대, 신라대, 아신대, 아주대, 안동과학대, 안동대, 안양대, 여주대학, 연세대(미래), 연세대(신촌), 영남대, 영남이공대, 용인대, 우석대, 우송대, 웅지세무대, 원광대, 원광디지털대, 원광보건대, 유원대(영동대), 을지대, 인제대, 인천가톨릭대, 인천대, 인하공업전문대학, 인하대, 전남대, 전북대, 전주대, 전주비전대, 정화예술대, 제주대, 조선대, 중부대, 중앙대(안성, 서울), 중원대, 진주보건대, 창원대, 청운대, 청주대, 초당대, 총신대, 춘해보건대, 충남대, 충북대, 충북보건과학대, 포항공과대, 한경국립대, 한국공학대(한국산업기술대), 한국과학기술원, 한국교원대, 한국교통대(충주대), 한국국제대, 한국기술교육대, 한국성서대, 한국외대(글로벌,서울), 한국전통문화대, 한국체육대, 한국폴리텍대학(8개), 한국항공대, 한국해양대, 한남대, 한동대, 한림대, 한림성심대학, 한서대, 한성대, 한세대, 한신대, 한양대(ERICA), 한양대(서울), 호남대, 호서대, 호원대, 홍익대, 신한대, 용인예술과학대, 우송정보대, 전남과학대, 한밭대

(출처: 〈병 복지 길라잡이〉, 〈2024년 기준〉

대학교 원격강좌 수강	지원처: 나라사랑포털(http://www.narasarang.or.kr)
	지원내용: 수강료 80% 지원 (본인 부담 20%)
	지원기준: 대학 원격강좌 수강 신청한 병사
	수강신청: 1학기(2~3월 중), 2학기(8~9월 중)
	수강방법: 나라사랑포털 〉군 e러닝 〉학위강좌 수강신청 〉수강

병과학교 교육훈련 학점 인정받기

군에서 학점을 취득할 수 있는 또 다른 방법이 있다. 바로 병과학교에서 교육훈련 받은 내용을 학점으로 인정받는 방법이다. 이 방법은 용사(병과학교 교육을 받지 않은 경우 해당되지 않음)뿐 아니라 간부 모두에게 해당되니 꼭 확인해보자.

국가평생교육진흥원에서 운영하는 학점은행제 홈페이지(https://www.cb.or.kr)에 접속하면 군 교육훈련 학점인정서를 발급받을 수 있는 코너가 별도로 마련돼 있다. 각 군 학교별로 학점인정이 가능한 과목을 이수한 장병에 한해서 학점을 인정해주고 있다.

학점은행제 홈페이지에서 회원 가입을 하고 병과학교 교육훈련 내용 확인을 위한 개인정보를 입력하면 본인이 수료한 교육훈련이 학점으로 인정받을 수 있는지와 함께 얼마나 학점을 인정받을 수 있는지도 확인할 수 있다. 아래 표처럼 군내 학교 22개교 132개 과정이 학점인정이 되니 확인하고 학점을 인정받자.

병과학교 교육 내용에 따라 1학점에서 최대 6학점까지 인정되니 반드시 확인하자. 병과학교 교육훈련 수료 내용을 학점으로 인정받기 위해서는 '군 교육훈련 학점인정서'를 발급받아 각 학교의 담당 부서에 제출하면 된다. 하지만 학교별로 인정서 제출 시기나 최대 인정 학점이 다르니 이 부분도 사전에 확인해보기를 권한다.

구분	기관명	과정(병과명)
국직(1)	국군의무학교	일반의무병
육군 (81)	공병학교	전기설비병/공병장비부대정비병/측량병/야전건설병/도하장비운전병/정수장비운용병/굴삭기운전병/장갑전투도저조종병/다목적굴착기운전병/도저운전병/그레이더운전병/로더운전병/교량전차조정병/배관기계설비반/장애물운용(M)병/장애물운용(T)병
	기계화학교	전차승무병/장갑차승무병/전차정비병(K계열)/전차정비병(M계열)/장갑차 정비병
	방공학교	발칸운용/비호운용/휴대용SAM운용·정비/천마운용/발칸장비/오리콘운용/저팀운용/빙공직전동제
	정보통신학교	위성체계운용정비/암호운용/전술C4I정비운용/정보보호운용/교환시설운용 정비/MW장비운용정비/레이다운용정비
	종합군수학교	광학감시장비야전정비병/탄약검사정비병/조리병/견인차량운전병/물자취급장비운전병/K53계열차량운전병/구난차량운전병/대공포야전정비병/화포야전정비병/공병장비야전정비병/K형전차야전정비병/M형전차야전정비병/장갑차야전정비병/차량야전정비병/의무장비야전정비병/유선장비야전정비병/무선장비야전정비병/다중무선장비야전정비병/대형차량운전병/중형차량운전병/유도무기야전정비병/총기야전정비병/로켓무기야전정비병/크레인차량운전병/자주포야전정비병/화생방장비야전정비병/차량부대정비병/차륜형장갑차운전병/선박운용병/항만운용병
	종합행정학교	헌병특기병/군종특기병/재정회계병
	포병학교	자주포정비병
	항공학교	운항관제반/소형공격헬기/중형공격헬기/소형기동헬기/중형기동헬기
	화생방학교	제독병/연막병/정찰병/화생방병
	특수전학교	공수기본/낙하산포장정비

구분	기관명	과정(병과명)
해군 (12)	기술행정학교	조리병/전기병
	전투병과학교	갑판병/전탐병./정보병
	정보통신학교	정보통신병/전자전병/동신병1과정/동신병2과정/전산병2과정
	특수전전단	특수전초급(병)
	해난구조교육훈련대대	해난구조병
공군 (35)	교육사령부 군수1학교	항공기기체정비병/항공장구정비병/항공기제작정비병/항공탄약정비병/항공기무기정비병/항공기부속정비병/항공기기관정비병/항공기지상장비정비병/항공전자장비정비병
	교육사령부 군수2학교	전력설비병/토목건축병/공병장비운전병(기지건설장비운전병)/기계설비병(공설비병)/급양병/화생방차량운전병/방공포차량운전병/장갑차운전병/일반차량운전병/특수차량운전병/항공기초과저지병/소방병(항공소방병)/항공운수병(항공운수 및 의장병)/화생방병/환경병(환경관리병)
	방공포병학교	단거리대공무기운용병/단거리유도무기운용병/장거리유도무기발사운용병/중거리유도무기발사운용병
	정보통신학교	정보체계관리병/보안체계관리병/유선통신체계정비병/무선통신체계정비병/전술항공통신체계정비병/기상관측병/지상레이더체계정비병
해병대 (3)	해병대 교육훈련단	상장승무병/수색전문반
	해군정보통신학교	전산병1과정

- 학점인정 22개교 132개 과정(출처: 〈병 복지 길라잡이〉) **-** 〈2024년 기준〉

교육훈련 학점 인정 	지원처: 국가평생교육진흥원 홈페이지(https://www.cb.or.kr)
	지원내용: 소속 대학 학칙 등에 따라 학점 인정(최대 6점)
	지원기준: 병과학교 교육 중 학점은행제 인정 교육과정 수료
	지원과정: 22개교 132개 과정

소속 대학(교) 학점인정 절차 (대상자 : 대학교 재학생)	학점은행제 학점인정 절차 (대상자 : 학점은행제 학습자)
평가인정 군 교육훈련과정 이수	평가인정 군 교육훈련과정 이수
평생교육진흥원 학점은행제 홈페이지 접속	평생교육진흥원 학점은행제 홈페이지 접속
'군 교육훈련 학점인정서' 발급 신청	'군 교육훈련 학점인정서' 발급 신청
평가인정 군 교육훈련과정 이수 확인	평가인정 군 교육훈련과정 이수 확인
'군 교육훈련 가점인정서' 발급	'군 교육훈련 가점인정서' 발급
소속 대학 제출	평생교육진흥원 제출
소속 대학 학칙에 의거 학점인정 * 반드시 대학에 문의 필요	학점은행제 학점 저축

- 학점인정 절차 -

군복무 경험 학점 취득

마지막으로 군에서 별도의 원격강좌를 수강하거나, 병과학교에서 교육훈련을 수료하지 않아도 학점을 인정받을 수 있는 '군복무 경험 학점 취득' 제도가 있다. 말 그대로 별도의 과정을 거치지 않고 군 복무 경험을 학점으로 인정받을 수 있는 제도다. 군 복무의 가치를 평가받을 수 있다는 점에서 자부심을 느낄 수 있다. 하지만 아쉽게도 해당 제도를 도입한 대학교는 82여 곳으로 제한적이다.

각 대학이 자율로 군 복무 경험을 학점으로 인정해 주고 있으며, 학점 인정 항목은 사회봉사, 리더십, 인성, 기초체육, 정신교육 등이다. 군 복무 경험으로 취득할 수 있는 학점은 1~3학점(학교별 상이)이며, '군경력 증명서'를 학교에 제출하면 된다. 이 제도는 전방에서 교육훈련으로 원격교육에 참여할 수 없거나 병과학교에서 교육을 받지 못한 장병들에게 군에서 학점을 쌓을 수 있는 또 다른 방법으로서 의미가 있다.

강원도립대, 대전대, 건양대, 경인교대, 극동대, 대구보건대, 구미대, 대덕대, 서울대, 전남과학대, 인하공전, 경기과기대, 대전보건대, 대구대, 을지대, 동강대, 세경대, 영진전문대, 중앙대, 홍익대, 세종대, 목원대, 인제대, 동아방송대, 광주대, 동신대, 대전과기대, 배재대, 선린대, 송원대, 수성대, 여주대, 원광대, 조선대, 조선이공대, 건국대, 경민대, 경북전문대, 계명대, 대경대, 대구과학대, 대구한의대, 대림대, 대진대, 동아대, 동원대, 동원과학기술대, 부산교대, 부산외대, 부천대, 서경대, 서정대, 선문대, 세종사이버대, 송곡대, 순천향대, 신한대, 우석대, 원광보건대, 제주관광대, 강동대, 차의과학대, KC대학교, 충북보건과학대, 강릉영동대, 동양대, 백석문화대, 서울신학대, 성결대, 연암대, 유원대, 유한대, 창원문성대, 한국과학기술원, 한국전통문화대, 폴리텍대, 경남정보대, 대구공업대, 서울예술대학, 신성대, 창신대, 초당대 〈82개 대학〉

(출처: 〈병 복지 길라잡이〉), 〈2024년 기준〉

〈학점취득 신청절차〉
군 경력증명서 발급(전역 시) → 학점인정 신청(수강신청 기간 중에 신청) → 학점인정 심의(대학) → 학점인정 내역 개인통보

지금까지 군에서 학점을 인정받을 수 있는 3가지 방법에 대해서 살펴봤다.

군 복무로 학업이 단절됐다는 하소연은 어떻게 보면 지금의 군 복무환경에서는 맞지 않는 말일지도 모른다. 군에서도 충분히 학점을 취득하고 학위를 관리할 수 있다는 점을 기억하고 적극적으로 활용해 보자.

군에서
국가기술자격
무료로 취득하기

　　　　　자격증을 준비하는 장병들이 많이 늘었다. 개인
시간을 활용해 진로 전문성을 강화하고, 개인 스펙을 높이고자 하는 장
병들의 의지가 강해진 덕이다. 국가공인자격을 취득하면 채용 과정에
서 관련 분야의 전문성을 갖췄다는 평가를 받을 수 있고, 수준에 따른
가산점을 받을 수 있다. 그렇다면 군 생활 동안 축적한 전문성을 인정
받으면서 국가공인자격도 취득하는 방법에는 무엇이 있을까?

군 직무 분야별 병과 경력인정 범위

군 경력을 살려 자격증을 취득하기 위해서는 먼저 알아야 할 것이 있

다. 바로 '내 군 경력을 어디에서 어떻게 인정하는가'를 확인하는 것이다. 여기서 중요한 부분은 나의 군 경력이 진로 방향과 일치하는지를 구체적으로 살펴봐야 한다는 것이다.

공식적인 정보를 확인하기 위해 먼저 큐넷(www.q-net.or.kr) 사이트에 접속해보자. 사이트에 접속했다면 메뉴 중 '국가자격시험→자격정보→국가기술자격제도→응시자격→군 병과 경력인정 범위'에 들어가 경력인정 범위를 확인하면 된다. 해당 페이지에는 육·공·해군 및 해병대로 나누어져 있고, 엑셀 파일을 다운 받을 수 있게 구성되어 있다.

엑셀 파일을 열어보면 직무분야별 경력인정 범위가 상세하게 제시되어 있는데, 장교·준사관·부사관·병사·군무원 등 계급별·특기별로 구분되어 있다.

용사 중에 가장 많은 수를 차지하는 '소총수'(특기코드: 111 101)의 경우에 직무 분야는 '기계', 중직무 분야는 '기계장비 설비·설치'이다. 정훈(現 공보정훈, 특기코드: 340)의 경우 직무 분야는 '문화·예술·디자인·방송', 중직무 분야는 '방송'이다.

이 자료를 통해 내 군 경력이 사회에서 어떤 직무 분야와 관련이 있는지와 함께 군 경력이 어떤 분야에서 인정받을 수 있는지를 확인할 수 있다. 또한, 자격증을 취득하는 데 기본적으로 필요한 경력 기간을 군 경력으로 대체(입대 후 기초군사 훈련기간은 경력산정에서 제외)할 수 있다는 것을 확인할 수 있다.

그뿐만 아니라 나의 군 경력이 사회의 어떤 분야와 관련 있는지 확인할 수 있어 군 경력을 활용해 진로를 수립하는 데 도움을 받을 수 있다.

군 병과 경력인정범위	각 군별 및 병과별 경력인정 범위
	각 군별, 병과별 경력인정 엑셀 파일 제공

군 생활 중에 국가기술자격증 취득하기

국가기술자격증을 가진 장병은 취업 시장에서 우대받는 경우가 많다. 최근 전반기에 취업한 장병 중 직무 관련 기능사 자격증 2개를 갖고 있던 A 장병은 3~4개 기업에서 서로 면접을 보자고 요청이 왔을 정도로 인기가 대단했다. 결국 A 장병은 기업을 골라서 취업할 수 있었다.

그렇다면 취업에 큰 도움이 될 수 있는 국가기술자격을 군 생활 중에 취득할 수는 없을까?

물론 가능하다. 그 해답은 바로 '국방부 위탁 국가기술자격검정'이다. 우리나라에서 국가공인자격증 취득과 관련한 업무는 한국산업인력공단이라는 국가기관에서 운영·관리하고 있다. 하지만 장병들은 군 내에서 진행되는 '국방부 위탁 국가기술자격검정'을 통해 자격증을 손쉽게 취득할 수 있다. '국방부 위탁 국가기술자격검정'은 매년 전·후반기 2회로 나눠 국방부 주관으로 육·해·공군에서 실시하는 자격증 취득제도다. 전반기는 1~2월 원서를 접수, 3월 필기시험, 5~6월 실기시험이 시행된다. 후반기는 6~7월 원서접수, 8월 필기시험, 10~11월 실기시험이 시행된다.

국방부에서 주관하는 국가기술자격검정은 산업기사(초대졸 수준)와 기능사(고졸 수준)의 2개 등급의 자격증에 도전할 수 있고, 그 종목은 무려 82개에 달한다. 취득 가능한 종목을 살펴보면 산업기사의 경우에는 건축, 건축설비, 토목, 기계가공조립 등 21개이다. 기능사의 경우에는 건축도장, 건축목공, 미장, 용접 등 61개다. 이 중 지게차 운전, 굴착기 운전 종목은 매월 검정이 진행된다.

A 중사는 군수과에 근무하면서 한식조리사 자격을 취득하였다. A 중사는 군 복무 중에 자신의 커리어를 향상시킬 수 있는 방안으로 국가기술자격 취득을 계획하고 실행한 것이다. 자신의 병과(주특기)에 맞고 전역 후에도 활용할 수 있는 자격을 고민하다가 한식조리사 자격을 준비하게 되었다고 한다. 그는 "군 내에서 자신의 업무에 맞는 자격을 준비할 수 있어서 비교적 쉽게 취득할 수 있었다"고 이야기하였다.

국방부에서 주관하는 국가기술자격검정은 장점이 많다. 검정 응시 수수료가 면제이며, 종목별로 차이가 있지만 집체 교육을 통해 연습하고 시험을 치르는 방식이므로 시험의 부담을 덜 수 있다. 또한 실기시험 전까지 조교가 일대일로 교육해주고 실습한 곳에서 실기시험을 볼수 있는 것도 큰 장점이다.

국방부에서 한국산업인력공단과 별도로 검정 과정을 운영하는 이유는 군 장병에게 국가기술자격 취득 기회를 많이 부여하기 위함이다. 군 생활 중 이런 기회를 적극적으로 활용해 자격증을 취득해보는 것이 어떨까? 더욱 자세한 정기검정 종목은 각 군별 인트라넷 '국가기술자격검정' 홈페이지에서 확인하면 된다.

등급	기관	검 정 종 목(총84개 종목)
산업기사 (24개)	한국산업인력공단	건축, 건축설비, 토목, 잠수, 기계가공조립, 건설기계정비, 공조냉동기계, 궤도장비정비, 항공, 자동차정비, 판금제관, 용접, 위험물, 전기공사, 전자, 전자계산기제어, 광학기기, 정보처리, 방사선비파괴검사, 에너지관리, 콘크리트
	학국방송통신전파진흥원	전파전자통신, 정보통신, 통신선로
기능사 (60개)	한국산업인력공단	이용사, 양식조리, 일식조리, 중식조리, 한식조리, 건축도장, 건축목공, 미장, 전산응용건축제도, 조적, 철근, 타일, 잠수, 측량, 항공사진, 배관, 지게차운전, 굴착기운전, 기중기운전, 로더운전, 롤러운전, 불도저운전, 시추, 화약취급, 건설기계정비, 공조냉동기계, 궤도장비정비, 항공기정비, 동력기계정비, 항공전기전자정비, 자동차정비, 자동차차체수리, 열처리, 판금제, 주조, 피복아크용접, 가스텅스텐아크용접, 이산화탄소가스, 아크용접, 표면처리, 화학분석, 위험물, 전기, 전자계산기, 전자, 정보기기운용, 정보처리, 사진, 인쇄, 가스, 방사선비파괴검사, 자기비파괴검사, 침투비파괴검사, 환경, 에너지관리, 콘크리트
	학국방송통신전파진흥원	방송통신, 무선설비, 전파전자통신, 통신기기, 통신선로

- **정기검정 종목**(출처: 〈병 복지 길라잡이〉) -   〈2024년 기준〉

구분		정 기 검 정	상 시 검 정
응시자격	공통	응시할 검정의 실기시험 합격자 발표일까지 현역군인 신분을 유지한 자	
	추가	산업기사의 경우 학력/ 경력 등 자격요건 충족자	육군 종합군수학교(지게차 운전), 육군 공병학교(굴착기 운전), 공군 91항공공병전대(굴착기 운전), 해당분야 교육과정 이수자

구분	정기 검정	상시 검정
시행종목	산업기사 24개 종목 기능사 60개 종목	기능사 2개 종목 (지게차 운전, 굴착기 운전)
연간횟수	2회(전·후반기 각 1회)	시행 부대에서 지정(교육과정과 연계)
응시방법	인트라넷 국가기술자격검정 홈페이지를 통해 접수	해당 교육시 원서 접수
응시수수료	없음	
검정형태	• 필기 : 객관식 4지 택일형 • 실기 : 주관식 필기 또는 작업형	• 필기 : 객관식 4지 택일형 • 실기 : 작업형
합격기준	100점 만점에 60점 이상(산업기사는 과목당 40점 이상 포함)	
자격취득	민간시행 자격과 동일한 자격이 발급되며, 필기시험 합격시 전역 후 산업인력공단 등 자격검정시행기관 실기시험에도 응시 가능(합격일 기준 2년 이내에 한함)	

- 검정 안내(출처: 〈병 복지 길라잡이〉) -　　　　〈2024년 기준〉

구분		면 제 교 육 과 정
육 군	공병학교	불도저특기, 그레이더, 로더특기, 굴착기특기, 공병장비정비, 공병장비운용·정비초급
	종합 군수학교	차량야전정비초급·중급, 차량운용초급, 차량부대정비병, 물자취급장비운전병, 용접/기계공작병, 대공포야전정비병, 공병장비야정정비초급, 유도무기야전정비초급, 특수통신야전정비초급, 탄약관리초급·중급
	정보통신학교	정보체계운용초급·중급
	항공학교	항공정비초급
해 군	기술행정학교	자동차정비초급, 전기초급, 보수초급·중급, 한식조리, 추기초급
	해난구조대	해난구조기본
	6전단 609교육훈련전대	항공기체/기관초급·중급, 항공전자초급·중급
공 군	정보통신학교	유선통신체계정비부사관초급, 장거리통신정비부사관초급, 정보체계관리부사관초급, 지상레이더체계정비부사관초급, 무선통신체계정비부사관초급
	군수1학교	항공기기체정비부사관초급, 항공기제작정비부사관초급, 정밀측정장비정비부사관초급

구분		면제 교육 과정
공군	군수2학교	항공설비병, 기지건설장비운전병, 전력운영병, 항공시설부 사관초급

- 기능사 필기시험 면제 교육과정(출처: 〈병 복지 길라잡이〉) **-** 〈2024년 기준〉

 또한 위 표와 같이 기능사 필기시험을 면제받을 수 있는 교육과정 (군 인사법 시행규칙 제87조에 따른 군 경력증명서 또는 병역법 시행규칙 제8조에 따른 병적증 명서로 확인된 사항만 인정)을 수료한 장병이라면 더 수월하게 국가자격시험 을 치를 수 있다.

 마지막으로 국방 분야 국가기술자격도 있다. 군 특수분야의 국가 기술자격이니 민간에서 많이 활용되지 않을 수도 있다. 그러나 국가기 술자격을 취득할 수 있는 분야에서 복무하는 장병들은 관련 분야로 진 출을 꿈꾼다면 도전해보는 것을 추천한다. 국방 분야 국가자격검정시 험은 매년 1회(8~11월) 진행한다. 다른 국가기술자격과 마찬가지로 필기 및 실기시험으로 구성되어 있고, 과목당 100점 만점에 60점 이상 득점 (일부 과목 상이) 시 자격을 취득하게 된다. 아래 표에 나와 있는 시행 종목 과 응시자격을 확인하여 나에게 맞는 자격이 어떤 것이 있는지 확인해 보자.

검정종목	등 급	관리기관
헬기정비사	1~3급	육군항공학교
항공장구관리사	1~3급	공군 군수1학교
폭발물처리사	1~2급	공군 군수1학교
국방보안관리사	단일등급	안보지원학교
낙하산전문포장사	1~2급	육군 특수전학교
국방무인기조종사	단일등급	육군 정보학교
탄약안전관리사	단일등급	육군종합군수학교
심해잠수사	1~3급	해군 해난구조대
수중발파사	1~3급	해군 특수전전단
국방사업관리사	1~3급	방위사업교육원
영상판독사	1~3급	육군정보학교
함정손상통제사	1~2급	해군8전단
수중무인기조작사	1~3급	해군 특수전전단
군항공기사고구조사	1~2급	공군 군수2학교

- 자격검정시행종목 및 관리기관(국방자격검정 실시부대) (출처: 〈병 복지 길라잡이〉) **-**

〈2024년 기준〉

검정종목	응시자격 기준
헬기정비사	육군헬기정비 특기병과정, 부사관(초, 중, 고급반) 과정이수 후 일정기간 이상의 실무경력이 있는 자
심해잠수사	해군 해난구조(장교, 부사관, 병) 과정 이수 후 1년 이상 실무경력이 있는 자
항공장구관리사	공군 항공장구관리 부사관(초, 중, 고급반) 과정 이수한 후 일정 기간 이상의 실무경력이 있는 자
수중발파사	해군 특수전교육(장교, 부사관, 병) 과정 이수 후 일정기간 이상 실무경력이 있는 자
폭발물처리사	국내 또는 외국의 폭발물 처리 초급(기본)과정을 이수한 자
국방사업관리사	방위사업교육원장이 정하는 교육과정을 이수한 자 또는 국방사업관리 분야 석사학위 취득자 또는 5년 이내에 국내외 국방사업관리 실무 자격증 취득 사실이 있는 자
국방보안관리사	2년 이상 복무한 자로서 국방보안관리사 기본교육 이수한 자 또는 국방바온관리 분야에 1년 이상의 실무경력이 있는 자

검정종목	응시자격 기준
영상판독사	각 군 영상판독관련 일정 수준의 과정을 이수한 자 또는 영상판독 분야에서 일정 기간 이상의 실무경력이 있는 자
낙하산전문 포장사	낙하산 포장사 교육훈련 과정을 이수한 자 또는 군 낙하산 관리, 포장 및 정비 직무 분야 1년 실무경력이 있는 자
함정손상 통제사	함정손상통제훈련팀 교관 자격을 취득한 후 3급함 이상의 함정에 1년 이상 승함한 경력이 있는 자 또는 3급함 이상의 함정에 3년 이상 승함한 경력이 있는 자
국방무인기 조종사	육군 정보학교 고등기술과정을 이수한 자 또는 국토부 초경량비행장치 지도조종사 자격을 소지한 자 등
수중무인기 조작사	수중무인기조작사 교육과정을 이수한 자 또는 관련 대학·연구기관에서 학과목 9학점 이상 이수한 자 또는 관련 분야에서 1년 이상 근무한 자
군항공기 사고구조사	군항공기사고구조에 관한 초급(부사관, 병) 교육과정을 이수한 자 또는 중급교육과정 (부사관)을 이수한 후 군항공기사고구조 관련 분야에 1년 이상 실무경력이 있는 자
탄약안전 관리사	탄약안전관리에 관한 기본교육과정을 이수한 후 탄약관리 관련 분야에 5년 이상 실무 경력이 있는 자

- **자격검정 응시자격**(출처: 〈병 복지 길라잡이〉) -   〈2024년 기준〉

지금까지 '군 경력을 살려 자격증 취득하기'에 대해 살펴보았다. 장병들은 해당 제도를 잘만 활용하면 군 복무 중에 최대 2~3개의 국가기술자격증을 취득할 수 있다.

자신의 진로를 고려해 자격증을 취득하는 것이 가장 좋겠지만, 군 생활 중에 다양한 경험을 해보고 새로운 진로를 찾아본다는 생각으로 자격증 취득에 도전해보는 것도 분명 도움이 될 것이다. 자신의 군 경력을 분석해보고, 이에 적합한 국가기술자격 취득에 도전해보자.

취업 활동으로
휴가도 받을 수
있다!

　　　　　　　　　　휴가와 취업 준비를 겸할 수 있는 일석이조의 기회가 있다. 단순한 휴가가 아닌, 취업을 위한 시간을 보장하는 제도, 바로 구직청원휴가다. 구직청원휴가 제도를 잘 활용하면 군 복무 중에도 미래를 준비할 수 있는 귀중한 시간을 확보할 수 있다. 구직청원휴가의 정의와 법적 근거, 구직청원휴가를 받는 방법, 그리고 이를 활용할 때의 주의사항에 대해 자세히 알아보자.

구직청원휴가의 정의와 법적 근거

구직청원휴가는 군 복무 중인 용사들이 취업상담, 채용시험 응시,

현장 채용행사 참석 등의 구직활동을 위해 일정 기간 휴가를 받는 제도이다. 물론 관련 법령 근거에 따라 단기복무 장교 또는 단기복무 부사관도 해당 제도를 지원받을 수 있다. 구직청원휴가는 군인의 지위 및 복무에 관한 기본법 시행령 제12조에 근거를 두고 있다.

제12조(청원휴가)

⑫ 「군인사법」 제6조제3항 및 제7항에 따른 단기복무 장교 또는 단기복무 부사관(복무기간이 5년 미만인 자로 한정한다. 이하 "단기복무자"라 한다)으로서 전역예정일(같은 법 시행령 제3조제1항에 따라 복무기간을 연장한 경우에는 연장된 복무기간의 만료일을 말한다)이 1년 이내인 군인 및 의무복무기간의 2분의 1 이상을 마친 병(兵)은 취업상담, 채용시험 응시, 현장 채용행사 참석 등 구직활동을 하기 위하여 다음 각 호의 구분에 따른 구직휴가를 받을 수 있다. 다만, 단기복무자가 복무기간 중 구직휴가를 사용한 후 복무기간을 연장한 경우에는 연장된 복무기간에 해당하는 구직휴가 일수 중 사용한 일수를 공제한 나머지 구직휴가를 사용할 수 있다. 〈개정 2024. 4. 9.〉

1. 단기복무자로서 전역예정일이 1년 이내인 군인
   가. 복무기간이 2년 이상 3년 미만인 단기복무자: 3일 이내
   나. 복무기간이 3년 이상 4년 미만인 단기복무자: 4일 이내
   다. 복무기간이 4년 이상 5년 미만인 단기복무자: 5일 이내
2. 의무복무기간의 2분의 1 이상을 마친 병: 2일 이내

　이 조항에 따라 장병들은 구직활동을 위해 2~5일의 청원휴가를 받을 수 있다.

구직청원휴가를 받는 방법

구직청원휴가를 받기 위해서는 몇 가지 절차와 준비가 필요하다. 아래는 구직청원휴가를 받을 수 있는 5가지 방법이다.

1) 취업박람회 및 채용박람회 참석

취업박람회는 다양한 기업들이 참가하여 구직자들과 직접 면접을 진행하고, 채용정보를 제공하는 행사이다. 박람회 참석은 여러 기업의 정보를 한 곳에서 얻을 수 있는 좋은 기회이다.

2) 채용시험 및 면접 응시

가장 직접적인 구직활동 방법이다. 특정 기업의 채용시험이나 면접에 응시하기 위해 구직청원휴가를 신청할 수 있다. 채용시험과 면접은 취업을 위한 필수 단계이므로, 휴가를 쉽게 승인받을 수 있다.

3) 지역 일자리센터 1:1 상담

지역 일자리센터에서는 개인 맞춤형 취업상담을 제공한다. 이곳에서 상담을 받으면 자신의 진로와 적성에 맞는 취업 정보를 얻을 수 있다. 하지만 예약이 필요하고, 상담 인원이 제한될 수 있다.

4) 국방전직교육원을 통한 상담

국방전직교육원은 군 장병들을 위한 취업 지원과 교육 프로그램을 제공한다. 군인의 입장을 잘 이해하고 있기 때문에 맞춤형 상담을 받을 수 있다. 다만, 이곳을 이용하려면 일정한 절차를 따라야 하고, 상담 인원에 제한이 있을 수 있다.

권 역	센터명	주 소	전화번호
1권역 (경기서부지역) 중·장기	영등포	서울특별시 영등포구 경인로 775, 1동 908호	02-703-9900
	파주	경기도 파주시 소리천로 25, 유은타워 7차 611호	031-934-0912
	서울숲	서울특별시 성동구 왕십리로 58, 포휴 808호	02-2284-0077
	수원	경기도 수원시 팔달구 인계동 1122-10, 삼호파크 타워 212호	031-546-5912
2권역 (경기동부지역) 중·장기	의정부	경기도 의정부시 배꽃길 105, 의정부더리브 센텀 스퀘어1 지식산업센터 828호	031-876-3106
	포천	경기도 포천시 신읍동 48-45, 신용빌딩 3층	031-533-3106
	이천	경기도 이천시 마장면 오천로 33, 4층	031-636-6940
3권역 (강원지역) 중·장기	춘천	강원도 춘천시 퇴계동 1191-2, 2층 202호 (남춘천역)	033-818-0038
	강릉	강원도 강릉시 경강로 2241, 4층	033-647-8219
	인제	강원도 인제군 인제읍 인제로 206번길 38, 3층	010-8378-8219
4권역 (충청/전라/ 경상지역) 중·장기	대전	대전시 유성구 온천로 59, 동아벤처타워 5층	042-365-6701
	광주	광주시 북구 유동 33-42, 송강빌딩 7층	062-454-8039
	창원	경남 창원시 성산구 용지로 106, 미래에셋증권빌 딩 8층	055-601-0791
	대구	대구시 수성구 달구벌대로 2532, 대아빌딩 5층	053-217-2642

- 국방전직교육원 권역별 센터 위치 및 연락처 - 〈2024년 기준〉

5) 검증된 취업상담 업체를 통한 1:1 상담

취업상담 업체를 통해 보다 빠르고 간편하게 상담을 받을 수 있다. 이 방법은 소정의 비용이 들지만, 개인 맞춤형 상담을 통해 효율적인 취업 준비가 가능하다.

구 분	장점	단점
취업박람회 및 채용박람회 참석	- 다양한 기업의 정보를 한 곳에서 얻을 수 있음 - 기업과의 면접 기회 제공	- 박람회 참여를 위한 이동시간과 노력이 필요 - 복잡한 절차와 긴 대기 시간
채용시험 및 면접 응시	- 직접적인 구직활동으로 휴가 승인 가능성 높음 - 구체적인 취업 준비	- 특정 기업에 한정된 활동 - 시험 및 면접 준비에 따른 부담
지역 일자리센터 1:1 상담	- 개인 맞춤형 취업상담 제공 - 진로와 적성에 맞는 취업 정보 제공	- 예약 필요 - 상담 인원이 제한될 수 있음
국방전직교육원을 통한 상담	- 군인의 입장을 잘 이해 하고 맞춤형 상담 제공 - 전문적인 취업 지원 프로그램	- 절차가 복잡할 수 있음 - 상담 인원이 제한될 수 있음
검증된 취업상담 업체를 통한 상담	- 빠르고 간편한 상담 가능 - 개인 맞춤형 상담으로 효율적인 취업 준비 가능	- 소정의 비용 발생 - 일부 업체의 신뢰도 문제가 있을 수 있음

- 구직 및 구직지원 활동별 장점과 단점 -　　　　〈2024년 기준〉

구직청원휴가의 주의사항

구직청원휴가는 군인복무기본법에 의해 보장된 권리이지만, 이를 신청하고 사용할 때 주의해야 할 점이 있다.

먼저, 증빙서류의 준비이다. 구직휴가를 신청할 때는 반드시 구직활동을 증명할 수 있는 서류를 준비해야 한다. 예를 들어, 취업박람회 참가 확인서, 채용시험 응시표, 취업상담 확인서 등이 필요하다. 이러한 서류는 구직활동 후 복귀 시 제출해야 한다.

다음은 휴가승인 절차를 이해해야 한다. 휴가를 신청할 때는 소속 부대 지휘관의 승인을 받아야 한다. 지휘관은 부대 상황과 업무 우선순위에 따라 휴가를 승인하거나 제한할 수 있다. 따라서 휴가를 신청하기 전, 지휘관과 충분히 상의하고 준비하는 것이 중요하다. 또한, 시행령에 기재된 기준을 충족하는지 확인해봐야 한다. 용사의 경우 의무복무 기간의 1/2 이상을 마쳐야 하는 조건이 있다. 이런 기준을 확인해봐야 한다.

각 부대는 자체적인 휴가 규정이 있을 수 있다. 일부 부대는 구직휴가 사용에 거리나 시간 등의 추가 조건을 적용할 수 있다. 이러한 규정을 미리 확인하고 준비해야 한다.

마지막으로 구직휴가는 취업 준비를 위한 중요한 기회이지만, 이를 악용해서는 안 된다는 점이다. 구직활동이 아닌 다른 목적으로 휴가를 사용하는 경우, 문제가 되고 징계 대상이 될 수 있다. 따라서 반드시 구직활동에만 휴가를 사용해야 한다.

구직청원휴가 활용 사례

구직청원휴가를 활용한 사례는 굉장히 다양하다.

A 장병은 전역을 앞두고 자신의 진로를 고민하다가 국방전직교육원의 맞춤형 취업상담을 받기로 결정했다. 구직청원휴가를 신청하여

상담을 받았고, 이를 통해 구체적인 취업 계획을 세울 수 있었다.

자격증 취득을 위한 구직청원휴가를 신청한 사례도 있다. B 장병은 특정 분야의 자격증을 취득하기 위해 구직휴가를 신청했다. 자격증 시험 응시표와 함께 신청서를 제출하여, 지휘관의 승인을 받았다. 이처럼 구직청원휴가는 단순히 취업을 위한 활동뿐만 아니라 자격증 취득과 같은 자기계발 활동에도 활용될 수 있다.

구직청원휴가는 군 복무 중에도 미래를 준비할 수 있는 소중한 기회를 제공한다. 구직청원휴가를 적극적으로 활용하여 군 복무 기간을 더욱 알차고 의미 있게 만들어보자.

장병에게
할인해주는
어학시험

장병들이 자기계발 중 가장 많이 투자하는 분야는 바로 '어학'이다. 그중에서도 영어 시험 준비에 많은 시간을 할애한다. 전역 후 학교생활 또는 취업준비 시 매우 유용하게 활용할 수 있기 때문이다. 최근 스마트폰 사용과 자기계발비 지원 등 병영 내 자기계발에 대한 여건이 좋아지면서, 이런 현상이 더욱 뚜렷해지고 있다. 하지만 맹목적인 영어 시험 준비는 시간만 낭비할 수 있다.

다음에서 다양한 공인영어시험의 특징과 장점, 응시료 할인 혜택 등을 알아보고, 나에게 맞는 시험을 찾아 준비해보자.

공인영어시험의 대표선수, 토익

토익(TOEIC, Test Of English for International Communication)은 일상생활 또는 국제업무 등에 필요한 실용영어 능력을 평가하는 공인어학시험이다. 기업 취업에 가장 보편적으로 활용되는 시험 중 하나다.

우리나라에서 매년 200만여 명이 토익 시험을 볼 정도로 많은 사람이 응시하고 있다. 읽기와 듣기를 평가하며, 990점 만점이다. 평가시간은 120분이다. 응시료는 52,500원이나, 군 장병은 50% 할인을 받아 26,200원에 응시할 수 있다.

토익스피킹(TOEIC Speaking)은 일종의 말하기 시험이다. 토익스피킹 레벨은 최저등급인 Novice Low부터 최고 등급인 Advanced High까지 11개 등급으로 나누어져 있으며, 평가시간은 약 20분(실제로 내가 답변하는 시간은 5분 정도)이다.

토익스피킹의 응시료는 84,000원이며, 군 장병은 20% 할인받아 67,200원에 응시할 수 있다. 토익과 토익스피킹은 시험일 기준으로 군인인 경우에만 군인 할인 접수가 가능하다. 또한, 신분확인 증명서에 부대 직인이 필요하고, 시험 당일에 군인 규정 신분증을 지참해야 한다.

한국형 실전영어능력평가, 텝스

텝스(TEPS, Test of English Proficiency developed by Seoul National University)는 서울대학교 언어교육원에서 개발한 실전영어능력평가로 영어를 외국어로 사용하는 학습자의 영어 능력을 정확하게 측정하는 것을 목표로 개발된 시험이다. 텝스는 대기업, 공기업, 외국계 기업 등에 취업 시 활용되며, 편입 및 진학을 준비하는 사람들도 많이 활용한다.

2018년 New TEPS 체계로 개정됐으며, 총 600점 만점에 105분간 진행된다. 응시료는 46,000원이나 군인은 50% 할인을 받아 23,000원에 응시할 수 있다.

토익과는 다르게 접수일 기준으로 군인 신분이면 응시료 할인 혜택을 받을 수 있다. 대상은 현역 장병, 상근예비역, 군무원, 생도, 전·의경이다. 이외 학군사관후보생(ROTC), 의무소방병, 공익근무요원, 산업기능요원, 전문연구요원 등은 할인에서 제외된다.

실생활 외국어 사용 능력을 측정하는, 오픽

토익스피킹과 함께 영어 스피킹 능력을 측정하는 대표 시험. 오픽(OPIc, Oral Proficiency Interview Computer)은 실생활에서 얼마나 효과적이고 적절하게 외국어로 말할 수 있는가를 측정하는 시험이다. 오픽은 외국어

별로 다양하지만, 우리나라에서 오픽이라고 하면 일반적으로 오픽 영어를 말한다. 오픽 영어의 평가시간은 60분이며, 상대적으로 패턴화되어있는 토익스피킹과 달리, 출제의 주제가 방대해 단순한 패턴 몇 개로 답하기 어렵다. 하지만 정답이 없어 응시자가 자유롭게 답하며 평가받는다는 장점이 있다.

오픽 영어는 Novice Low부터 Advanced Low까지 총 9개 단계로 평가등급이 구분되어 있으며, 응시료는 84,000원이다. 군인의 경우 30%를 할인받아 58,800원에 응시할 수 있다. 할인 대상은 현역 장병과 군무원, 국방 공무원 및 사관생도, 사관후보생들이다. 시험 당일 군인임을 확인할 수 있는 신분증 및 군인 확인 서류를 지참해야 한다. 병사의 경우 신분 확인증명서(부대장 직인)와 외출(외박)증 2가지 모두를 꼭 소지해야 한다.

가장 빨리 영어성적을 취득하려 할 때는, 지텔프(G-TELP)

지텔프(G-TELP, General Tests of English Language Proficiency)는 영어를 모국어로 하지 않는 사람의 영어 활용 능력을 독해, 청취, 문법, 어휘 등으로 구분하여 평가하는 시험이다. 평가결과를 빨리 받아 볼 수 있고(7일 내외), 7급 공무원, 경찰공무원, 군무원, 회계사, 변리사, 세무사, 노무사 등 시험에서 활용할 수 있어 많이 응시한다.

지텔프는 응시하는 레벨(Level)에 따라 문항 수와 시험시간이 다르니 자세한 것은 지텔프 홈페이지(www.g-telp.co.kr)에서 확인이 필요하다. 또한, 응시료도 레벨별로 다른데, Level2 기준으로 66,300원이지만, 군인의 경우 약 50% 할인받아 33,200원에 응시할 수 있다.

지금까지 군인에게 응시료 할인 혜택이 주어지는 공인어학시험에 대해 살펴봤다. 일반인에 비해 큰 혜택이니 공인영어성적이 필요한 장병들은 군 복무 중에 도전하길 권장한다.

구 분	정가 응시료	할인 응시료	할인율	비 고
TOEIC	52,500원	26,200원	약 50%	시험일 기준 군인 신분 증명 필요
TOEIC Spealking	84,000원	67,200원	20%	
TEPS	46,000원	23,000원	50%	
OPic	84,000원	58,800원	30%	
G-TELP (lv.2)	66,300원	33,200원	약 50%	시험일 기준 군인 신분 증명 필요, 신분확인증명서 필요
JPT	51,000원	25,500원	50%	시험일 기준 군인 신분 증명 필요
HSK(4급)	90,000원	45,000원	50%	

- 주요 어학시험 정가 응시료 및 군인 할인 응시료 -　〈2024년 기준〉

취업,
진로상담이
무료라고?

       군 생활은 청년 장병들에게 소중한 경험이자 도전의 시간이다. 그러나 전역을 앞둔 시점에서 다가올 사회 진출에 대한 불안감도 크다. 다행히 군에서 이러한 고민을 해소할 수 있도록 다양한 취업 진로상담 프로그램을 제공하고 있다. 이를 통해 군 생활 중에도 체계적인 커리어 관리를 할 수 있으며, 전역 후의 준비 부담을 줄일 수 있다. 지금부터 군 복무 중 활용할 수 있는 취업 진로상담 서비스에 대해 알아보자.

국방전직교육원 프로그램

국방전직교육원은 청년 장병들을 위한 다양한 취업 지원 프로그램을 운영하고 있다. 이중 '진로도움 프로그램'은 장병들이 진로를 설계하고 취업을 준비하는 데 큰 도움을 주는 대표적인 프로그램이다. 이 프로그램은 기본적인 진로지도 교육부터 1:1 취업 상담까지 제공하여, 한 번의 신청으로 종합적인 취업 지원을 받을 수 있다.

'진로도움 프로그램'은 부대 단위로 직접 찾아가는 교육과 1:1 맞춤형 상담으로 구성된다. 교육은 대대급 부대를 중심으로 진행되며, 전역 후의 취업 동향, 진로 설정 방법, 서류 작성법, 면접 전략 등 실질적인 내용을 배울 수 있다. 특히 1:1 상담에서는 개개인의 성향과 목표를 고려한 맞춤형 취업 지도가 이루어진다.

신청 방법도 간단하다. 부대 인사 담당자를 통해 신청하거나 국방전직교육원 홈페이지에서 온라인으로 신청할 수 있다. 신청 시 개인정보 동의 후 주소 정보를 기재하면 상담사 배치가 이루어진다.

이 외에도 '취업역량 기본과정'과 '취업준비 심화과정'이 제공된다. 취업역량 기본과정은 1일 단과정과 1박 2일 종합과정으로 나뉘어, 각자의 준비도에 따라 선택할 수 있다. Dream, Design, Do라는 단계별 교육으로 구성된 이 과정은 입사지원서 작성부터 면접 준비까지 취업의 전 과정을 다루고 있다.

취업준비 심화과정은 채용 수요가 있는 기업을 대상으로 실무 중심의 교육을 제공하며, 참여 기업으로는 포스코, 신한은행, CJ대한통운 등이 있다. 이 과정은 실제 취업으로 연계될 가능성이 높아, 취업을 진지하게 고민하는 장병들에게 큰 도움이 될 것이다.

주요 프로그램	대 상	제공 서비스	신청 방법
진로도움 프로그램	전역예정장병 (34세 미만 간부 및 병사)	- 진로 및 취업 교육 - 1:1 취업 상담 - 취업정보 제공 및 알선	부대 인사담당자를 통해 신청 또는 국방전직교육원 홈페이지에서 신청
취업역량 기본과정		- Dream: 진로 탐색 및 설정 - Design: 입사지원서 작성, 인적성 준비 - Do: 실전 취업 준비	국방전직교육원 홈페이지에서 신청
취업준비 심화과정		- 채용 수요 기업과의 맞춤형 교육 - 취업 연계 지원	

- 국방전직교육원 진로·취업 관련 프로그램 -   〈2024년 기준〉

대학일자리플러스센터 이용하기

대학일자리플러스센터에서 제공하는 서비스는 군 복무 중인 장병이나 전역 후 복학생이 쉽게 접근할 수 있는 취업 지원 서비스다. 전국 99개 대학에 설치된 이 센터는 재학생, 휴학생, 졸업생뿐만 아니라 지역 청년들에게도 다양한 취업 지원 프로그램을 제공한다.

센터에서는 1:1 심층 상담을 통해 장병들이 자신의 진로를 탐색하고, 맞춤형 취업 프로그램을 통해 구체적인 취업 전략을 세울 수 있도록 지원한다. 또한 AI 모의면접, 현직자 멘토링, 취업 스터디 등 실질적인 도움을 받을 수 있는 프로그램도 제공된다.

제공 프로그램	대 상	제공 서비스	신청 방법
취업 및 진로 설정 지원 프로그램	재학생 및 휴학생, 졸업생, 지역 청년 (장병 포함)	- 1:1 심층 상담 - AI 모의면접 - 현직자 멘토링 - 취업 스터디 - 직무 박람회 등	센터 방문 또는 홈페이지

- 대학일자리플러스센터 취업 및 진로 설정 지원 프로그램 - 〈2024년 기준〉

고용복지플러스센터 이용하기

고용복지플러스센터는 구직자에게는 취업 지원 서비스를, 구인 업체에게는 인력 지원 서비스를 제공하는 종합 고용 서비스 기관이다. 이곳에서는 다양한 직업 심리검사를 통해 적성을 발견하고, 직업 선택을 지원받을 수 있다.

고용 동향 및 일자리 정보를 제공받을 수 있으며, 심층 상담을 통해 개인 특성에 맞는 취업 지원이 이루어진다. 취업을 준비하는 장병들이 자신에게 맞는 직업을 찾을 수 있도록 돕는다. 또한, 기업들이 필요로 하는 전문 인력을 훈련하여 지원하는 프로그램도 제공된다. 이러한 맞춤형 취업 지원 서비스를 통해 장병들은 자신에게 맞는 직업을 찾고, 성공적으로 취업할 수 있는 기회를 잡을 수 있다.

제공 프로그램	대 상	제공 서비스	신청 방법
취업 지원 서비스	모든 구직자	- 직업 심리검사 - 일자리 정보 제공 - 심층 상담 - 취업 성공 패키지 - 디딤돌 일자리 사업 등	센터 방문 또는 온라인 신청

- 고용복지플러스센터 취업 지원 서비스 - 〈2024년 기준〉

군 생활 중에도 취업과 진로에 대한 고민은 계속될 수 있다. 그러나 이를 혼자서 해결하려고 할 필요는 없다. 국방전직교육원, 대학일자리 플러스센터, 고용복지플러스센터 등 다양한 기관에서 제공하는 전문적인 취업 지원 프로그램을 적극적으로 활용하자. 이들 기관은 청년 장병들이 전역 후에도 성공적으로 사회에 정착할 수 있도록 체계적이고 실질적인 도움을 주고 있다.

누군가의 도움을 받는 것은 결코 부끄러운 일이 아니다. 더군다나 그 누군가가 특정 분야의 전문가라면 두말할 필요도 없다. 전문가에게 도움을 받는다는 것은 자신의 가능성을 최대한으로 끌어올릴 수 있는 현명한 선택이다. 다양한 프로그램을 통해 얻은 지식과 경험은 장병들에게 전역 후 큰 자산으로 돌아올 것이다. 취업과 진로에 대한 고민이 있다면, 지금 당장 전문가들을 찾아가 상담을 받아보자. 그들이 제시하는 방향은 여러분의 성공적인 미래를 열어줄 열쇠가 될 것이다

창업 준비도
군 생활 중에
'이상 무!'

대부분의 장병은 군 복무 이후 대학 진학이나 취업을 선택하지만, 창업이라는 제3의 길도 있다. 특히, 최근 들어 창업에 대한 관심이 급증하면서, 군 복무 중에도 창업을 준비할 수 있는 다양한 프로그램이 등장했다. '찾아가는 창업동아리 멘토링 프로그램'과 '국방 Start-up 챌린지'가 대표적인 창업 지원 프로그램이다.

이 두 프로그램은 군 복무 중 창업을 준비하는 장병들에게 맞춤형 교육과 실질적인 지원을 제공하여, 전역 후 창업을 실현할 수 있는 기반을 마련해준다. 이러한 프로그램을 어떻게 효과적으로 활용할 수 있는지, 그리고 군 생활 중 창업을 준비하는 전략에 대해 살펴보자.

1. 창업 멘토링: 체계적인 창업 준비의 첫걸음

창업을 꿈꾸는 장병들에게 '찾아가는 창업동아리 멘토링 프로그램' 은 매우 중요한 기회이다. 이 프로그램은 단순한 이론 교육을 넘어 실 질적인 창업을 준비할 수 있는 체계적인 지원을 제공한다.

1) 대상과 신청 방법

이 프로그램은 창업에 관심 있는 모든 현역 장병을 대상으로 한다. 각 부대의 인사담당자를 통해 신청할 수 있으며, 온라인으로도 신청 가 능하다. 국방전직교육원 홈페이지에서 간편하게 신청할 수 있으며, 이 는 창업에 대한 접근성을 높여준다. 특히, 전역을 앞둔 장병들이 자신 의 미래를 설계할 때 중요한 선택지가 될 수 있다.

2) 운영 방식

프로그램의 가장 큰 장점은 유연한 운영 방식이다. 대면교육과 온 라인교육을 함께 제공하며, 일과 전후와 주말, 공휴일에도 멘토링을 받 을 수 있다. 이는 장병들이 군 복무 중에도 창업 준비에 집중할 수 있도 록 돕는다. 예를 들어, 주말에 전문가와의 1:1 멘토링 세션을 통해 창업 아이디어를 구체화하고, 사업 계획을 세울 수 있다. 또한, 온라인 멘토 링을 통해 언제 어디서나 전문가의 조언을 받을 수 있어, 시간적 제약 을 최소화할 수 있다.

3) 프로그램의 장점

이 프로그램은 창업에 대한 기초적인 이해부터 구체적인 실행 전략까지, 포괄적인 교육을 제공한다. 창업에 대한 인식 개선 교육을 통해 창업의 중요성과 가치를 인식하고, 멘토링을 통해 실질적인 창업 계획을 수립할 수 있다. 특히, 장병들이 자신의 창업 아이디어를 검토받고, 전문가의 피드백을 통해 수정 및 보완할 기회를 제공한다.

4) 참여 효과

참여 장병들은 창업 멘토링 프로그램을 통해 자신의 창업 아이디어를 구체화할 수 있을 뿐만 아니라, 창업에 필요한 다양한 스킬을 습득하게 된다. 사업 계획서 작성, 시장 조사, 재무 계획 수립 등의 실무적인 스킬을 배우고, 이를 바탕으로 창업 경진대회에 도전할 수 있다. 또한, 멘토링 과정에서 네트워킹 기회를 통해 다른 창업자들과 교류하며, 창업에 대한 동기부여를 받을 수 있다.

창업동아리 멘토링

2. 국방 Start-up 챌린지: 군에서 시작하는 창업의 꿈

창업 멘토링 프로그램을 통해 창업에 대한 기초를 다졌다면, 이제 '국방 Start-up 챌린지'에 도전해 볼 차례다. 이 대회는 2015년부터 시작하여 군 복무 중 창의적이고 혁신적인 아이디어를 가진 장병들이 자신의 아이디어를 구체화하고, 실현할 수 있는 중요한 기회다.

1) 대회의 목적

국방 Start-up 챌린지는 군 복무 중 창업에 관심이 있는 장병들을 대상으로, 창의적이고 혁신적인 아이디어를 발굴하고, 이를 실질적인 창업으로 이어지도록 지원하는 것을 목표로 한다. 이 대회는 단순히 아이디어를 발표하는 것이 아니라, 전 과정에서 체계적인 지원을 통해 장병들이 자신의 아이디어를 구체화하고 실현할 수 있도록 돕고 있다.

2) 참가 자격

이 대회에 참가하기 위해서는 현역 장병으로 팀을 구성해야 한다. 팀원은 최소 2명에서 최대 5명까지 구성할 수 있으며, 공고일 기준으로 팀 전원이 현역 장병이어야 한다. 또한, 팀원 중 최소 1명은 범부처 대회 종료 시점까지 복무 중이어야 한다. 이는 창업 준비가 단기간에 끝나지 않고 지속적으로 이어질 수 있도록 하기 위한 조건이다. 예를 들어, 팀원 중 한 명이 전역 후에도 창업을 이어갈 수 있도록 하는 것이 중요하다.

3) 대회 운영 방식

국방 Start-up 챌린지는 각 군에서 예선을 거쳐 선발된 팀들이 국방부 대회에 진출하고, 최종적으로 범부처 창업 경진대회에 참가하게 된다. 대회는 단계적으로 진행되며, 각 단계에서 창업 전문가들의 멘토링과 심사가 이루어진다. 예선을 통과한 팀들은 국방부 대회에서 본선과 결선을 거쳐 최종 25팀이 범부처 대회에 진출하게 된다. 이 과정에서 팀들은 자신의 아이디어를 더욱 구체화하고, 실질적인 사업 계획으로 발전시킬 수 있다.

4) 시상 및 후속 지원

국방 Start-up 챌린지에서 우수한 성적을 거둔 팀들에게는 상금과 함께 다양한 후속 지원이 제공된다. 예를 들어, 예비창업 패키지, 초기 창업 패키지 등을 통해 창업 자금을 지원받을 수 있으며, 이를 바탕으로 실질적인 창업을 시작할 수 있다. 또한, 창업 사업화, 특허 지원, 해외 진출 지원 등 다양한 후속 지원 프로그램과 연계되어 창업 성공 가능성을 극대화할 수 있다. 이러한 지원은 전역 후에도 지속적으로 제공된다.

5) 실전 경험의 중요성

이 대회는 장병들이 실제 창업 과정에서 겪게 될 여러 가지 상황들을 미리 경험할 수 있는 기회를 제공한다. 예를 들어, 발표 평가 과정에서 자신의 아이디어를 명확하고 설득력 있게 전달하는 능력을 기를 수 있다. 또한, 경쟁사와의 차별화 전략을 세우고, 시장 분석을 통해 자신의 제품이나 서비스가 성공할 가능성을 높이는 방법을 학습할 수 있다. 이러한 실전 경험은 전역 후 창업을 준비하는 과정에서 큰 도움이 될 것이다.

국방 Start-up 챌린지 우수 사례

국방 Start-up 챌린지는 매년 참가팀이 꾸준히 증가하고 있는데, 2024년을 기준으로 1,327개 팀이 참가하였다. 이중 총 25개 팀을 선발하였으며, 상위 10개 팀(대상 1팀, 최우수상 2팀, 우수상 3팀, 장려상 4팀)에게는 국방부장관 상장과 상금 7,500만 원이 수여되었다. 대상 수상 팀은 간부들로 구성된 팀인 '중년 챌린저'라는 팀이다. 이 팀은 전쟁이나 재난과 같은 응급상황에서 환자에게 신속하고 효과적으로 수액을 공급하기 위해 비중력 방식의 휴대형 링거주입기인 '휴링'이라는 아이템을 착안하였다. 이 '휴링'은 현장에서 즉각 처치가 가능하고, 휴대성과 간편성이 뛰어나 높은 평가를 받았다.

최우수상에는 웹사이트 인터페이스 자체의 변환을 통해 자연스러운 웹서핑을 지원하는 아이템과, 개인정보 보호, 혐오 발언 중지, 프롬프트 인젝션 감지 등을 통해 기업의 LLM 사용을 안전하고 효율적으로 지원하는 아이템이 선정되었다.

그 외에도, 암 진단의 새로운 패러다임, 어려운 상황에서 효과적으로 산불을 진화하는 솔루션, 블록체인 기반 보급업무 프로세스를 단축시킬 수 있는 솔루션 등이 선정되었다.

장병들도 군에서 창업을 준비할 수 있다

군 복무 중에도 창업을 준비할 수 있는 다양한 기회가 열려 있다. '찾아가는 창업동아리 멘토링 프로그램'과 '국방 Start-up 챌린지'는 창업을 꿈꾸는 장병들에게 군 복무 중에도 창업 준비를 할 수 있는 체계적이고 실질적인 지원을 제공한다. 이러한 프로그램들을 적극적으로 활용하면, 장병들도 군 생활 중 창업을 준비하고, 전역 후에는 자신만의 사업을 성공적으로 시작할 수 있다. 창업은 단순히 새로운 길을 여는 것뿐만 아니라, 자신의 미래를 보다 주도적으로 설계하는 기회가 된다. 진로에 대한 고민이 깊어질 때, 창업이라는 새로운 길을 적극적으로 탐색해보자.

해외파병도
자기계발이
될 수 있나요?

해외파병은 많은 장병이 막연히 꿈꾸는 도전 중 하나다. 장교나 부사관만이 가능하리라 생각하지만, 장병도 충분히 지원할 수 있다. 해외파병은 국위선양의 기회일 뿐만 아니라 장병들의 커리어에도 긍정적인 영향을 미친다. 특히, 단순한 병영 생활에서 벗어나 새로운 경험과 실질적인 혜택을 얻고자 하는 장병들에게는 더없이 좋은 기회가 될 수 있다.

해외파병 부대와 특징

한국군은 다양한 해외파병 부대를 운영 중이다. 대표적으로 레바

논의 동명부대, UAE의 아크부대, 그리고 남수단의 한빛부대, 소말리아 청해부대가 있다. 각 부대는 저마다의 임무와 환경에서 독특한 경험을 제공한다. 예를 들어, 동명부대는 레바논 남부에서 평화유지 임무를 수행하며, 지역사회의 안정과 복지 증진에 기여한다. 아크부대는 UAE에서 특수전 훈련을 지원하며, 비전투 지역에서의 교민 보호 임무도 함께 수행한다. 한빛부대는 남수단에서 재건지원 활동을 통해 현지 사회의 발전에 기여한다. 청해부대는 한국 선박의 안전 운항과 재외국민 보호 작전을 수행한다.

이들 부대는 단순히 군사적 임무만을 수행하는 것이 아니라, 현지 주민들과의 상호작용을 통해 한국의 이미지를 높이는 데 기여하고 있다. 따라서 해외파병은 단순한 군사 경험을 넘어선, 국제무대에서의 국위선양 기회로 이어진다.

구 분	임무 및 특징	용사 보직
레바논 동명부대	- UN 평화유지군의 일원으로 레바논 남부에서 활동 - 불법 무장세력 유입 감시 및 지역 안정화 - 현지 주민에게 의료 및 교육 지원, 민사작전 수행	- 소총수(작전병) - 통역(공통특기) - 의무 - 일반행정
UAE 아크부대	- UAE 특수전 부대 교육 훈련 지원 - 유사시 재외 한국인 보호 임무 수행 - 전투 위험이 없는 지역에서 한국과 UAE 간 군사 협력 증진	- 소총수(작전병) - 통역(공통특기) - 의무 - 일반행정
남수단 한빛부대	- 남수단에서 재건지원 활동 수행 - 도로 건설, 공항 활주로 보수 등 사회 기반 시설 재건 - 지역 주민들에게 의료 지원 및 교육 지원, 민군작전 병행	- 소총수(작전병) - 통역(공통특기) - 군사정보 - TOD 운용 - 무선장비 운용 - 정보통신망 운용 - 조리, 보급, 정훈공보 등

구 분	임무 및 특징	용사 보직
소말리아 청해부대	- 소말리아 해역에서 해적 방지 및 상선 보호 임무 수행 - 한국 선박의 안전 운항 지원 및 재외국민 보호작전 수행 - 국제 해역에서의 해양 작전 능력을 통해 국익 보호	- 해양작전병 - 통신병 - 정비병 등

- 해외파병부대별 임무 및 특징, 용사 보직 -　〈2024년 기준〉

해외파병에 대한 착각

해외파병에 대한 가장 큰 착각은 '장병은 지원할 수 없다고 생각하는 것'이다. 사실은 이병이나 일병부터도 지원할 수 있다. 단, 해외파병의 특성상 일정 기간 이상의 복무 기간이 남아 있어야 하며, 따라서 대부분의 지원자는 복무 초기의 장병들이다.

또한, 많은 장병이 해외파병을 가기 위해서는 특별한 자격이나 조건이 필요하다고 생각한다. 하지만, 이는 절반의 진실에 불과하다. 해외파병에 지원하기 위해서는 토익 등 어학 성적이 필요할 수 있지만, 이는 필수 조건이 아니라 가산점 역할을 한다. 체력 또한 중요한 요소로 작용하지만, 대부분의 장병이 통과할 수 있는 수준이다.

해외파병에 대한 또 다른 착각은 위험성이다. 물론 파병 지역에 따라 위험 요소가 다를 수 있지만, 대부분의 해외파병 지역은 안전하게 관리되고 있다. 따라서 위험에 대한 과도한 걱정은 필요 없다.

해외파병 준비 방법

해외파병 준비에 가장 중요한 요소는 어학과 체력이다. 특히 토익 점수가 중요한데, 최소 700~800점을 목표로 준비하는 것이 좋다. 군대 내의 '군 토익'은 상대적으로 높은 점수를 받을 수 있어 토익 점수 향상에 유리하다. 또한, 팔굽혀펴기, 윗몸일으키기, 3km 달리기 등의 체력 평가에서도 좋은 점수를 받아야 한다. 이는 해외파병 지원 시 가산점으로 작용하기 때문이다.

해외파병 지원 절차는 비교적 간단하다. 인트라넷에서 해외파병 관련 공지사항을 확인하고, 지원서를 작성해 제출하면 된다. 각 부대의 모집 일정은 다르므로, 이를 사전에 확인하는 것이 중요하다. 지원이 확정되면 1개월간의 합숙 훈련을 받게 되고, 이후 출발 전 휴식 시간을 가지게 된다. 이때 휴가를 최대한 소진하는 것이 좋다.

해외파병은 단순한 군사적 임무 이상의 의미를 갖는다. 장병들에게는 새로운 환경에서의 도전과 경험, 그리고 실질적인 경제적 이익을 얻을 수 있는 기회다. 해외파병은 국위선양에 기여할 뿐만 아니라, 개인의 커리어에도 큰 도움이 될 수 있다. 선발되지 않더라도 어학 준비, 지원서 작성, 체력관리 등을 하며 목표를 자기주도적으로 관리하는 방법에 대해 배울 수 있게 된다. 따라서 군 생활 중 자기계발과 도전을 원한다면, 해외파병 지원을 적극 고려해보기 바란다. 단순한 병영 생활에서 벗어나, 새로운 길을 개척할 기회가 될 것이다.

군 생활 중에도 취업과 진로에 대한 고민은 계속될 수 있다.
그러나 이를 혼자서 해결하려고 할 필요는 없다.
국방전직교육원, 대학일자리플러스센터, 고용복지플러스센터 등
다양한 기관에서 제공하는 전문적인 취업 지원 프로그램을
적극적으로 활용하자.

진로목표
정하기

군 복무 중의 자기계발은 단순히 자격증 취득이나 스펙 쌓는 것에 그쳐서는 안 된다. 자신을 깊이 있게 이해하고, 진로에 대해 진지하게 고민하며, 필요하다면 유연하게 방향을 전환할 수 있는 능력을 기르는 과정이다.

이러한 과정을 통해 얻은 자기 이해와 결정력은 전역 후의 삶에서 큰 자산이 될 것이다.

자기계발보다
진로설정이
먼저다

　자기계발을 본격적으로 시작하기 전에 반드시 고민해야 할 분야가 바로 진로이다. 뚜렷한 목표 없이 자기계발을 한다는 것은 마치 표적 없이 사격하는 것과 같다. 표적이 없다면 총을 어디에 겨냥해야 할지 모른다. 표적이 없으니 사격을 한다고 해도 상탄인지, 하탄인지, 호흡불량인지, 격발불량인지 원인도 알 수 없다. 따라서 진로설정은 자기계발에 시작점이자 가장 중요한 지점이라고 할 수 있다.

　국방부의 군인복지 실태조사에 따르면 군 장병의 70%가 진로를 고민하고 있으며, 진로를 결정하지 못한 장병의 수 또한 상당하다고 한다. 다음에서 진로설정이 왜 중요한지와 자기계발에 어떤 영향을 미치는지에 대해 알아보자.

자기계발의 역설 : 기회비용과 매몰비용

군에서 많은 자격증을 취득한 장병이 기사화되는 경우를 종종 본다. 한 장병은 20개의 자격증을 취득하여 화제가 되기도 했다. 그의 노력은 대단하고 군에서 자기계발의 끈을 놓지 않았다는 점에서 정말 칭찬할 만하다. 그러나 한편으로는 '그렇게 많은 자격증을 취득하는 것이 얼마나 도움이 될까?'라는 의문이 생기기도 한다. 앞의 글에서는 자격증을 따라고 하더니 무슨 말이냐 할 수 있겠지만, 결국은 선택과 집중이 필요하다는 이야기다.

그 장병은 무슨 의도로 그 많은 자격증을 취득했을까? 아마도 '여러 자격증을 공부하면서 나의 방향성을 찾아보자'와 '전역 후가 걱정되니 지금 무엇이라도 해보자'는 의도가 있을 것이다. 물론 자격증을 취득하기 위해 노력하면서, 나의 재능과 전문성을 깨닫고 진로 방향을 찾을 수 있다는 점에서 좋은 의도이고 방법이다. 하지만 그 과정에서 매몰비용과 기회비용이 발생하게 된다.

'여러 자격증을 공부하면서 나의 방향성을 찾아보자'에서는 기회비용이 발생한다. 여기서 기회비용은 '하나의 선택을 함으로써 포기해야 하는 다른 선택의 가치'를 의미한다. 예를 들어, 군 복무 중 여러 자격증을 취득하는 데 시간을 투자하면, 그 시간에 할 수 있었던 다른 활동들을 포기해야 한다. 전문 분야의 심화 학습, 체력 단련, 인간관계 형성 등에 쓸 수 있는 시간이 줄어들게 된다.

'전역 후가 걱정되니 지금 무엇이라도 해보자'는 매몰비용과 연결된다. 매몰비용은 '이미 지출되어 회수할 수 없는 비용'을 말한다. 군 복무 중 특정 자격증 취득을 위해 투자한 시간과 노력은 매몰비용이다. 한 장병이 6개월 동안 특정 자격증 공부에 매진하여 취득했지만, 나중에 보니 내 커리어에 쓸모가 없는 자격인 것을 알게 되었다고 하자. 이때 투자한 6개월의 시간과 노력은 돌이킬 수 없는 매몰비용이 된다.

기회비용과 매몰비용을 피하기 위해서는 진로를 먼저 설정하는 것이 좋다. 내가 원하는 미래의 모습을 어느 정도 그려놓고 그에 맞는 퍼즐 조각들을 하나씩 맞춰 가는 것이 좋다. 그러면 정확한 방향성을 갖고 자기계발을 이어 나갈 수 있다.

진로가 바뀔 수도 있지 않나요?

진로를 설정하고 자기계발을 하다 보면 처음 계획했던 진로와 다른 방향으로 관심이 옮겨갈 수 있다. 이는 자연스러운 현상이며, 오히려 긍정적으로 볼 수 있다. 다양한 분야를 접하면서 자신의 적성과 흥미를 더 정확히 파악할 수 있기 때문이다.

진로가 바뀌는 유형은 크게 두 가지로 구분할 수 있다. 첫 번째는 기존 진로와 유사하거나 더 전문적인 진로를 선택하는 경우이고, 두 번째는 이전 진로와 전혀 다른 방향을 선택하는 것이다.

먼저, 기존 진로와 유사하거나 더 전문적인 진로를 선택하는 경우, 기존 자기계발 과정이 새로운 진로에도 도움이 된다. 예컨대 A 장병이 자세, 조준선 정렬, 격발, 호흡 등 꾸준히 사격연습을 해왔는데, 갑자기 다른 총으로 다른 사격장에서 사격을 해야 하는 상황이 있다고 하자. 새로운 총과 환경에 적응해야 하는 것은 맞지만 기존에 해왔던 노력들이 완전히 사라지는 것은 아니다. 기본을 익혔다면 변경된 목표에 맞춰 자기계발 계획을 일부 변경하거나, 목표 수준을 높이면 된다.

다음으로 이전 진로와 전혀 다른 방향을 선택했다면, 이전에 내가 알지 못한 진로를 발견한 것이다. 새로운 진로를 발견하고 나아가다 보면 진로에 대한 이해의 폭을 넓힐 수 있고, 향후 진로선택에도 큰 교훈이 된다.

앞서 진로를 정하지 않고 자기계발에 집중했을 때 생기는 기회비용과 매몰비용의 문제가 여기서 크게 갈린다. 확실한 방향성을 가지고 자기계발을 하면 이 분야가 왜 맞지 않는지, 새로운 목표를 어떻게 찾아야 할지 더 깊이 고민하게 된다. 반면에, 목표 없이 자기계발을 하다 보면 왜 맞지 않는지, 그렇다면 대안은 무엇인지 가늠할 수 있는 기준이 없는 것이다.

사례를 보자. A 장병은 경영학을 전공하고 회계사를 목표로 준비해왔다. 하지만 그는 군 복무 중 프로그래밍에 흥미를 느껴 IT 분야로 진로를 변경하였다. 이런 변화를 단순히 시간 낭비로 볼 것이 아니라, 자신의 진정한 적성을 발견하는 과정으로 이해해야 한다. 또 IT 분야로 진출해서도 경영학, 회계 분야의 이해는 분명 도움이 된다. 어떠한 업무이건 경영과 회계에 대한 이해는 기본이며, 또 경영이나 회계 관련 IT 프로젝트를 진행할 수도 있다.

중요한 것은 진로 변경이 실패가 아니라는 점이다. 오히려 자신에 대한 이해를 높이고 더 나은 선택을 하는 과정으로 봐야 한다. 군 복무 기간은 병역의 의무를 다하면서 동시에 나를 돌아보고 미래를 계획할 수 있는 귀중한 시간이다. 그 시간을 통해 자신의 진정한 열정과 적성을 발견하고, 그에 맞는 진로를 선택했다면 그것이야말로 가장 값진 자기계발일 것이다.

군 복무 중의 자기계발은 단순히 자격증 취득이나 스펙 쌓는 것에 그쳐서는 안 된다. 자신을 깊이 있게 이해하고, 진로에 대해 진지하게 고민하며, 필요하다면 유연하게 방향을 전환할 수 있는 능력을 기르는 과정이다. 이러한 과정을 통해 얻은 자기 이해와 결정력은 전역 후의 삶에서 큰 자산이 될 것이다.

진로설정,
나부터
바로 알아야 한다

"전역 후 어떻게 살아야 할지 걱정입니다."

컨설팅 현장에서 만난 한 장병의 하소연이다. 이
야기를 나눠보니 진로를 어디서부터 어떻게 설정할지 몰라 고민하고
있었다. 진로설정이 중요하다는 것은 장병 대부분이 알고 있다. 하지만
'어떻게'라는 질문으로 들어가면, 장병 대부분이 어려워한다.

그렇다면 진로 목표를 체계적으로 수립하는 방법에는 어떤 것이
있을까? 가장 먼저 해야 할 것은 '나를 바로 아는 것'이다.

자기분석을 시작하기 전에

장병의 진로 고민이 깊은 이유는 크게 두 가지다.

먼저 대부분의 장병들이 진로 고민이 많은 사회적 시기에 있다는 점이다. 일반적으로 진로를 설정하는 시기는 고등학교 졸업반, 전문대학 1~2학년, 4년제 대학교 3학년부터다. 사회에서 한창 진로 고민을 하고 있는 사람들과 비슷한 연령, 비슷한 시기에 있는 장병들이 진로 고민을 한다는 것은 지극히 정상이고 건강한 상태이다.

두 번째는 사회와는 다른 환경에 놓여 있다는 것이다. 사회에서 진로 고민이 있다면 관심 분야의 교수나 전문가, 선배, 지인 그리고 취업 상담기관 등을 통해 도움을 받을 수 있다. 하지만 군에서는 이동의 자유가 일부 제한되기 때문에, 홀로 고민하는 환경에 있는 것이다.

이렇듯 진로 고민은 자연스러운 현상인데, 진로 고민으로 큰 스트레스를 받고 있는 장병들에게 필자는 자기분석을 추천한다. 오랜 상담을 해보면 자기분석을 하는 과정에서 자신의 장점을 깨닫고 진로를 선택하는 장병들이 많다. 그리고 자신과 맞지 않는 진로를 선택한 장병도 자기분석을 통해 진로를 바로잡는 경우도 의외로 많다. 여러분도 자기분석을 통해 진로의 방향을 잡아보고, 그 방향이 적절한지 분석해보기 바란다.

자기 보고식 자기분석

스마트폰 또는 PC를 활용한다면 군 안에서 '자기 보고식 자기분석 서비스'를 언제 어디서나 무료로 받을 수 있다. 그중에서 워크넷(worknet)에 있는 '직업선호도검사 L형'을 추천한다. 검사에 60분 정도의 긴 시간이 필요하지만, 깊이 있는 검사로 신뢰도 높은 검사 결과를 제공해준다. 또한 검사 참여자의 특징을 분석하여 적합한 직업을 추천해주어, 자신도 몰랐던 자신만의 강점과 성향을 고려한 진로 분야를 확인할 수 있다.

구 분	검사시간	실시 방법	접속 QR코드
직업선호도검사 S형	25분	인터넷, 지필	
직업선호도검사 L형	60분	인터넷, 지필	
구직준비도검사	20분	인터넷, 지필	
창업적성검사	20분	인터넷, 지필	
직업가치관검사(개정)	20분	인터넷	워크넷 작업심리검사
영업직무 기본역량검사	50분	인터넷, 지필	
IT직무 기본역량검사	95분	인터넷, 지필	
준고령자 직업선호도검사	20분	인터넷	
대학생 진로준비도검사	20분	인터넷, 지필	
이주민 취업준비도 검사	60분	인터넷	
중장년 직업역량검사	25분	인터넷	
성인용 직업적성검사	80분	인터넷, 지필	

- 워크넷 성인용 직업심리검사 -

이외에도 워크넷에서는 다양한 직업심리검사를 무료로 제공하고 있다. 워크넷 직업심리검사의 또 하나의 장점은 앞(2장)에서 소개한 대학일자리플러스센터, 고용플러스센터 등의 기관에서 검사 결과를 바탕으로 무료로 상담을 받을 수 있다는 점이다.

이외에도 MBTI(심리유형검사), DISC(성격유형검사), 에니어그램(성격진단테스트), 버크만심리검사(birkman) 등을 자기분석에 활용할 수 있다.

최근에는 심리검사 도구들을 간이검사 형태로 온라인에서 무료로 제공하는 경우도 있다. 하지만 수많은 임상과 데이터를 기반으로 하는 검사이니 조금 비용이 발생하더라도 전문 상담사에게 검사와 해석을 받는 것을 추천한다. 지자체나 취업지원기관에서 무료로 검사와 해석을 진행하는 클래스를 열기도 하니 관련 행사를 검색해보는 것도 추천한다.

자기 서술식 자기분석

또 다른 자기분석 방법은 '자기 서술식 자기분석'이다. 자기를 서술해보면서 자신이 어떤 경험과 경력을 갖추고 있고, 어떤 상황에서 행복하고 어떤 상황에서 어려움을 느끼는지 등을 진지하게 돌아볼 수 있다. 하지만 자기 보고식 자기분석과 달리 절차가 복잡하고 다른 사람과 어떤 차이가 있는지 비교하기 어려운 부분도 있다.

첫 번째로 소개하는 방법은 마인드맵을 활용한 분석이다. 마인드맵은 누구나 한번은 해봤을 정도로 보편화된 자기분석 방식이라 특별하게 느껴지지 않을 수 있지만, 이를 자기분석에 적용하면 아주 효과적이다.

활용방법은 모두가 아는 것처럼 비교적 간단하다. 먼저 가운데 동그라미에는 자신의 이름을 쓰고 이름 옆에 네 개의 가지를 뻗어 다음과 같이 써본다.

첫 번째 가지에는 학교생활, 두 번째 가지에는 사회생활, 세 번째 가지에는 군 복무, 네 번째 가지에는 기타로 적어보자. 그리고 가지마다 자신의 긍정적인 경험을 기록한다. 자격증취득, 해외여행 혹은 팀 과제 경험 등의 사소한 경험도 좋다. 활동의 정확한 명칭, 시점, 장소 등을 구체적으로 작성하면 더 좋다. 자신의 경험 중에서 잘하는 영역, 그리고 좋아하는 영역을 색깔 펜으로 나눠 칠하고 공통점을 발견해본다면 진로 방향을 잡는 데 도움이 될 것이다.

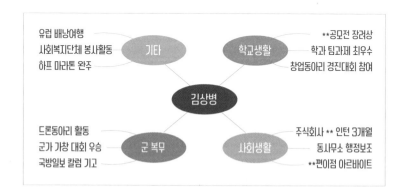

효과 만점, 마인드맵을 활용한 자기분석법

※ 사용방법
① 가운데에 원을 그리고 자신의 이름을 적는다.
② 주변에 4개의 원을 그리고 왼쪽 상단부터 시계방향으로 학교생활, 사회생활, 군 복무, 기타 순으로 적는다.
③ 주변 4개의 원에 자신의 긍정적인 경험을 기록해보자. 사소한 것이라도 좋다.
④ 경험 중에서 잘하는 영역, 그리고 좋아하는 영역을 색깔 펜으로 나눠 칠하고 공통점이 발견된다면, 진로설정에 참고해보자.

다음으로 이력서와 자기소개서와 같은 입사지원서 양식에 맞춰 자신의 경험을 작성해보자. 이러한 문서 작성에 익숙한 장병들도 있겠지만 대부분의 장병은 어렵고 낯설게 느껴질 것이다. 하지만 입사지원서를 미리 써보는 것은 자신의 진로 방향과 자기계발의 방향을 탐색하기에 가장 좋은 방법이다. 지원자를 가장 객관적으로 분석하기 위해서 만든 것이 이러한 문서들이므로, 이를 작성해보는 경험은 진로설정과 나아가 취업에도 큰 도움을 줄 수 있다.

자기소개서가 조금 어렵게 느껴진다면 먼저 이력서 작성부터 시작하면 좋다. 방법은 간단하다. 이력서 서식을 다운 받아 빈칸을 채워보는 것이다. 여기서 중요한 것은 두 가지다.

첫 번째는 자신이 어떤 이력을 가졌는지를 정리해보는 것은 자기분석의 의미가 있다. 두 번째는 자신의 현재 이력이 채용기관에서 어떻게 평가되는지를 눈으로 확인할 수 있다.

자신이 지금까지 쌓아온 이력을 보면 구체적으로 나의 경력 특성

과 장단점을 구분할 수 있고, 어떤 진로 방향이 어울릴지 판단하는 데
기초자료가 된다. 물론 이를 가지고 취업상담사를 만나 상담하는 것은
더 추천한다.

이외에도 자신의 경험을 노트에 적어보면서 자기분석을 하는 방법,
다양한 강점·역량·진로 카드를 활용해서 관심 있는 카드를 배열하면
서 자기분석을 진행하는 방법도 있다.

진로설정이 어려운 당신에게

컨설팅 과정에서 앞서 설명한 방법들을 통해 구체적인 진로 방향
을 찾게 된 장병도 있지만, 그렇지 못한 장병들도 있었다. 진로를 찾지
못한 장병들의 대부분은 입대 전 경험이 부족해서다.

입대를 앞두고 걱정이 되어 고민을 해보아도 답이 없다는 것을 장
병들은 경험해보았을 것이다. 군 경험이 있는 친구들과 선배들의 조언
도 큰 도움은 안 된다. 경험하지 않고 군 생활을 이해한다는 것은 사실
상 불가능에 가깝다.

진로도 마찬가지다. 다양한 경험이 있는 사람들은 자신의 경험을
바탕으로 자신이 좋아하고 잘할 수 있는 일을 잘 찾아간다. 반대로 경
험이 적다면 결정을 내리지 못하고 고민에 빠져들 가능성이 크다.

따라서 앞서 소개한 방법을 통해 진로의 방향을 찾지 못했다면, 전

역 후 어떤 경험을 통해서 진로를 찾아갈 것인가 계획을 세워보기 바란다. 인턴, 취업, 현장실습, 아르바이트, 봉사활동 등의 경험은 진로설정과 자기분석에도 도움이 되지만, 나중에 취업과 실무 단계에서도 큰 자산이 된다.

지금까지 진로분석을 하기 위한 첫 단계인 자기분석에 대해 알아봤다. 여기서 반드시 기억해야 할 것은 진로는 다른 사람이 선호하는 것, 사람들이 좋다고 추천하는 것에서 시작하는 것이 아니라는 점이다. 반드시 나 자신에서부터 시작해야 한다. 앞으로 인생도 커리어도 다른 사람을 좇거나 다른 사람과 나를 비교하는 것이 아닌, 나를 발견하고 찾아가는 여정이기 때문이다.

워런 버핏에게 배우는 목표관리법

앞서 소개한 만다라트를 다 작성하고 나면 압박감이 밀려온다. 이것을 어떻게 다 실행한단 말인가? 64개의 세부목표를 바라보고 있으면 가슴이 답답하다. 이때 워런 버핏의 조언이 여러분에게 필요하다. 워런 버핏의 목표설정에 대한 일화를 한번 살펴보자.

플린트는 워런 버핏의 전용 조종사로 10년을 넘게 일했다. 워런 버핏과 점심을 한 끼 먹으려면 20억을 내놓아야 한다는데, 플린트는 자신의 직업 덕분에 버핏과 어렵지 않게 대화를 나눌 수 있었다. 어느 날 플린트는 자신의 커리어와 목표에 대해 버핏과 이야기하고 있었다.

> **버핏** 자네는 목표가 무엇인가? 현재 가장 중요한 목표 25가지를 노트에 적어보게.

플린트는 수 분 동안 고민한 끝에 25가지 목표를 완성했다.

버핏 다 적었으면, 그중에서 가장 중요한 5가지 목표에 동그라미를 쳐 보게.

플린트는 이내 가장 중요한 5가지 목표에 동그라미를 쳤다. 플린트 는 이제 중요한 5가지 목표와 덜 중요한 20가지 목표를 갖게 되었다.

플린트 아 이제 제가 당장 해야 할 일이 뭔지 알겠습니다. 가장 중요한 5가지에 집중하겠습니다.

버핏 그럼 동그라미 치지 않은 나머지 목표들은 어떻게 할 것인가?

플린트 제가 동그라미 친 5가지야말로 제가 집중해야 할 목표입니다. 5가지 목표에 저의 시간 대부분을 투자하고, 나머지 20가지도 놓칠 수 없으니 시간이 날 때마다 틈틈이 노력해서 이루어야 겠죠.

버핏 아닐세. 그게 아니야. 자네는 지금 실수하고 있는 거야. 자네가 동 그라미를 친 5가지 목표 외의 목표들은 어떻게든 버려야 할, 피해 야 할 목표들이야. 자네가 가장 중요하다고 생각하는 5가지 목표 를 전부 달성하기 전까지는 나머지 20가지 목표들에 대해서는 절 대 어떤 관심도 노력도 기울여선 안 되네.

성공전략의 본질은 '목표를 어떻게 이룰 것인가'가 아니라 '무엇을 하지 않을 것인가'를 선택하는 것이다. "스티브잡스가 다른 사람들과 다른 점은 무엇을 할 것인가가 아니라, 무엇을 하지 않을 것인가에 대한 결단을 내리는 데에 있다"라고 존 스컬리(애플 전 CEO)가 이야기했다. 선택과 집중의 전략은 비단 인생의 목표를 달성하기 위해서만이 아니라 사업이나 프로젝트의 성공에도 매우 중요하다.

순위	실천 계획
1	
2	
3	
4	
5	

나와
진로목표 거리
정하기

나와 진로목표와의 거리

"목표는 높이 잡을수록 좋다!"는 말이 있다. 여러분들은 어떻게 생각하는가? 목표가 높으면 좋겠지만 목표를 높게 잡는다고 모두에게 도움이 되는 것은 아니다. 앞서 진로설정을 할 때 반드시 나 자신을 고려해야 한다고 강조했다. 진로목표와 지금 나 자신의 거리가 적절할 때 목표에 집중할 수 있고 동기부여도 된다.

우리나라 사람 대부분은 아래 그림처럼 높은 목표를 설정하고 그 목표를 달성하기 위해 노력하며 산다. 이것은 거의 상식처럼 굳어져 그 외 다른 방법은 고려조차 하지 않는 것이 현실이다. 상식으로 굳어진 아래 그림과 같은 목표 달성법에도 장점과 단점이 있다.

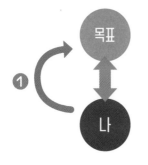

장점은 목표를 달성했을 때 성취감을 느끼고, 주변으로부터 인정과 축하를 받을 수 있다는 점이다. 단점은 높은 목표를 달성하기 위해 많은 시간과 노력이 필요하다는 것이다.

예컨대 고시, 공무원 준비생들이 원하는 시험에 합격하지 못했을 때 허탈함은 이루 말로 표현할 수 없을 것이다. 목표를 높게 잡고 노력하는 삶은 분명히 장점도 있지만, 단점도 있다.

목표에 이르는 방법이 이것밖에 없을까?

당연히 다른 방법도 있다. 바로 아래 그림과 같이 목표를 지금 나의 수준에 맞추는 것이다. '이게 무슨 소리야?'라는 생각이 들겠지만, 다시 한번 생각해보자. 예를 들어 지금 당장이라도 할 수 있는 비교적 단순한 업무를 하는 직군에 지원했다고 생각해보자.

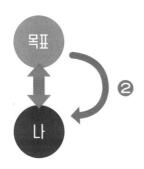

장점은 목표를 달성하기 위해 적은 노력으로도 시작할 수 있고, 지금 당장이라도 시작할 수 있다는 것이다. 물론 단점도 있다. '내가 이거 하려고 지금까지 공부하고 노력하고 살았나?' 하는 상실감이 들 수 있다.

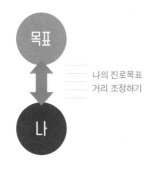

목표

나의 진로목표
거리 조정하기

나

이런 두 가지 방법 외에 또 다른 방법도 생각할 수 있다. 그것은 목표와 나 사이에 수많은 중간 선택지가 있다는 것을 이해하고 선택하는 것이다. 당연히 내가 스펙도 좋고 준비도 잘 되어 있다면 충분히 원대한 목표에 곧바로 도전할 수 있다. 하지만 내가 충분히 준비되어 있지 않다면, 중간 목표를 설정하고 중간 목표를 경유해 원대한 목표에 도전할 수 있다. 그리고 목표를 지금 나의 수준으로 당길 수도, 목표를 지금의 나보다 더 먼 곳으로 밀어 버릴 수도 있다.

계단식 커리어 관리

계단식 커리어 관리는 앞선 내용을 보다 체계화한 표현이다. 과거에는 경력과 경험이 없어도 이른바 열정 하나만으로도 좋은 기회를 얻을 수 있었다. 하지만, 우리나라의 고도 성장기가 끝나면서부터 일정 능력을 갖추고 있더라도 좋은 기회를 얻는 것이 어려워졌다. 그래서 앞으로 더욱 중요한 것이 '계단식 커리어 관리'이다.

계단식 커리어 관리는 나의 준비상태와 진로목표까지의 거리, 환경을 고려해서 한 계단씩 진로목표를 향해 나아가는 것을 말한다. 단번에

원하는 최종 목표까지 도달하기 어려울 수 있지만, 여러 번 나눠서 커리어를 쌓다 보면 결국 원하는 목표에 이를 수 있다는 의미이다. 높게만 보이던 진로목표가 한 계단 한 계단 올라가면서 점점 가까워질 것이고, 또한 그 과정에서 성취감과 자신감을 얻게 된다.

계단식 커리어 관리는 최종 목표를 위해서 단계적으로 목표를 설정하는 것이 중요하다. 시작단계에서는 진로목표가 변경될 수 있다는 것을 고려해 적용 범위가 넓은 목표, 그리고 다양한 분야 진출에 도움이 될 수 있는 하위 목표를 설정하는 것이 중요하다.

계단식 커리어 관리를 통해 진로목표를 달성한 사례를 살펴보자. K 병장은 군대에서 통신병으로 복무하며 무선 통신 장비의 설치와 유지보수 업무를 담당했다. 복무 중 통신 관련 기술을 더욱 깊이 배우고자 자발적으로 관련 교육과 훈련에 참여하고 자격증을 취득했다. 전역 후 K 병장은 군 경험을 바탕으로 중소기업의 네트워크 관리직에 지원하여 채용되었다.

첫 직장에서 네트워크 관련 실무 경험을 쌓은 K 병장은 이후 IT 보안 분야로 관심을 넓히며 추가적인 자격증을 취득하고, 보안 전문가로 경력을 쌓아 나갔다. 그는 점차 더 큰 책임을 맡게 되었고, 이를 눈여겨본 대기업 담당자가 스카우트 제의를 했고, 결국 대기업의 IT 보안 팀으로 이직했다. K 병장은 계단식으로 경력을 쌓아가며 최종 목표였던 IT 전문가로 성장했다.

계단식 커리어 관리에서 우리가 생각해봐야 할 점이 있다. 계단식 커리어 관리를 통해서 결국 원하는 목표를 달성하는 사람들은 목표에 관심을 갖고 꾸준히 노력하는 사람들이라는 것이다. 그리고 '계단식'이라는 말은 계단처럼 평평한 구간(A)을 지나야, 도약 구간(B)을 만나 더 높은 구간(C)으로 갈 수 있다는 말이다. 제대로 된 실력을 갖추기 위해서는 결국 인내와 노력이 필요하다.

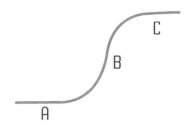

- 계단식 커리어 성공 곡선 -

진로목표를 설정할 때 나와 진로목표와의 거리를 반드시 고려해야 한다. 나를 고려하지 않고 진로목표를 설정하면, 즐겁게 달려가야 할 길이 고통스럽게 느껴질 수밖에 없다. 또 목표를 한 번에 달성하기 어렵다면 여러 단계로 쪼개고 차근차근 접근하는 계단식 커리어 관리기법을 적용해보자. 목표를 향해가는 과정에서 성취감과 자신감까지 얻을 수 있다.

현실적인
진로목표
설정하기

　　장병들이 진로를 정할 때 실수하는 부분이 있다. 내가 하고 싶은 일이 아니라 다른 사람이 좋다고 말하는 진로를 선택하거나, 내가 좋아한다고 말하면서 그 진로의 실제 모습은 모르는 경우다. 이렇게 진로목표를 정하면 목표를 달성하는 과정이 힘들다. 막상 본격적인 준비를 시작하면 갈피를 잡지 못하고 방황하고, 애써 취업한 후에도 '이 길이 내 길이 아닌 것 같다'고 후회한다.

　　무엇이 문제일까? 그 이유는 단순하다. 현실적인 진로목표를 수립하지 않았기 때문이다. 다음에서는 현실적인 진로설정 방법에 대해 알아보도록 하자.

진로목표 설정의 중요성

여러분이 경험하였듯 초·중·고교에서도 진로 체험과 상담 프로그램이 운영되고 있다. 진로목표 설정이 그만큼 중요하기 때문이다. 진로목표 설정은 나의 삶의 방향을 정하는 것이다. 삶의 방향만 정확하게 정하면 무엇을 해야 할지 분명해져 조금만 노력해도 학업과 실무 능력이 향상된다. 하지만 목표가 분명하지 않다면 노력해도 제자리걸음이고 헛도는 것처럼 느껴진다. 그래서 우리는 본격적인 자기계발에 앞서 진로목표를 명확하게 설정해야 한다.

"때로는 돌아가는 것처럼 느껴지는 길이 지름길이다"는 말이 있다. 당장 학업과 취업이 중요하지 '뭣이 중헌디?'라고 흔히들 생각한다. 하지만 수많은 취업강의와 상담을 하고 있는 저자는 "졸업하고 보니 학과가 저에게 맞지 않는 것 같아요.", "취업하고 보니 내가 원하는 일이 아니에요." 같은 말을 자주 듣는다. 성적에 맞춰, 또는 상황에 맞춰 목표를 선택하는 것이 익숙해졌기 때문이다. 이런 선택은 여러 가지 부작용을 낳는다.

한 매체에서 '신입사원 조기 퇴사 현황'을 조사한 결과 10명 중 2명이 1년 안에 퇴사를 한다고 한다. 퇴사 이유로는 '실제 업무가 나와 맞지 않다', '직무가 적성에 맞지 않다'가 1, 2위에 랭크되어 있다. 오랜 준비 끝에 엄청난 경쟁을 뚫고 취업을 했지만, 진로목표를 제대로 설정하지 않아 조기에 퇴사하게 된다면, 그간의 노력은 매몰비용이 되어버린다. 그간의 노력이 완전히 쓸데없는 경험이라는 말은 아니지만, 진로목 표에 대해 충분히 고민하고 취업했다면 시행착오를 줄일 수 있었을 것 이다.

골든서클을 아시나요?

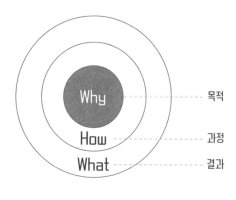

- 골든서클 -

골든서클(Golden Circle)은 성공적이 사람들이 사용하는 사고방식을 정리한 이론이다. 여러분은 Why(왜), How(어떻게), What(무엇을) 중 어떤 질문이 가장 중요하다고 생각하는가?

많은 사람이 문제를 해결할 때 가장 구체적인 What(무엇을)이라는 질문에 중점을 두거나, How(어떻게)에 관심을 가진다고 한다. 하지만 성공한 사람들은 가장 추상적인 개념인 Why(왜)에 중심을 둔다고 한다. 골든서클 이론을 만든 사이먼 시넥(Simon Sinek)은 문제를 해결할 때 'Why

→ How → What'의 순서로 접근해야 한다고 강조한다. 조금 어렵게 느껴질 독자를 위해 예를 한 가지 들어보자. 기업에 골든서클 이론을 대입해 보면 다음과 같다.

Why(왜) : 여러분의 목적, 신념, 존재 이유다. 왜 이 일을 하려 하는지, 무엇을 위해 존재하는지에 대한 근본적인 질문을 던진다. 이는 삶과 일에 있어 가장 중요한 원동력이 된다.

How(어떻게) : 그 목적을 실현하기 위한 과정이다. 구체적으로 어떤 방법과 원칙을 통해 목표를 달성할지를 설명한다. 이는 신념을 실현하는 구체적인 방법론이다.

What(무엇을) : Why와 How의 결과물로, 당신이 실제로 하고 있는 일이나 제공하는 제품과 서비스다. Why, How, What 중 가장 표면적인 결과에 해당한다.

사람들은 보통 'What → How → Why' 순으로 접근한다. What에 대해 고민하는 사람은 아주 많고, What에 비해서는 적지만 How로 접근하는 사람 또한 많다. 하지만 Why에 대해 고민하는 사람은 거의 찾아볼 수 없다고 한다. 또 Why에 대해 고민하더라도 "왜 그 일을 하느냐?"에 대한 답변에 "돈을 벌려고 하지"라는 식의 잘못된 접근을 하기도 한다. 《왜 일하는가》라는 책을 어떤 대기업에서 왜 신입사원에게 10년간이나 추천했을까를 생각해본다면 Why의 중요성을 알게 될 것이다.

골든서클 이론은 진로목표를 설정하는 데에도 유용하다. 먼저 여러분이 '왜 그 직무를 선택했는지', '왜 그 회사에 지원하려 하는지'부터 생각해봐야 한다. 진로목표 설정에 'Why → How → What' 순으로 적용해 보자.

Why

여러분이 왜 그 직무를 선택했는지, 왜 그 분야에서 일하고 싶은지를 깊이 고민해보자. 예를 들면, "나는 사람들의 문제를 해결하고 그들의 삶을 개선하고 싶기 때문에 인사 관리 분야를 선택했다"처럼 정리하면 된다. 이 단계는 여러분의 핵심 동기를 발견하고, 진로목표 방향성을 제시해준다. 사이먼 시넥은 "Why는 여러분의 목적과 신념을 담고 있어야 한다"고 말한다. 이는 여러분이 왜 아침 일찍 일어나 일터로 향하는지를 명확히 해줄 것이다.

How

여러분의 목표를 달성하기 위해 어떤 과정이 필요한지 계획해보자. 필요한 자격증, 경험, 기술 등을 체크리스트로 만들어 준비하자. 예를 들면, "나는 HR 관련 자격증을 취득하고, 관련 인턴십을 통해 실무 경험을 쌓을 것이다"라는 식이다. 이 과정에서는 구체적인 계획을 세워

단계별로 실천할 수 있도록 구체화해야 한다. How는 여러분이 그 목적을 어떻게 실현할지를 설명한다. 사이먼 시넥은 "과정이 명확해야 비로소 목표를 향해 나아갈 수 있다"고 강조한다.

What

여러분이 실제로 어떤 결과를 얻고 싶은지 구체적으로 설정해야 한다. 예를 들면, "나는 대기업 인사팀에 입사하여 직원 관리와 조직 개발에 기여할 것이다"처럼 말이다. 이는 여러분이 최종적으로 이루고자 하는 목표를 명확히 하는 단계다. What은 여러분의 노력과 과정의 결과물로, 이는 명확하고 측정 가능한 목표로 나타난다.

골든 서클 이론을 적용할 때는 몇 가지 주의할 점이 있다.

1) 자신의 Why를 명확히 하자

자신의 목적과 신념을 깊이 생각해보고, 그것이 진정으로 자신을 움직이는 원동력인지를 확인해야 한다. 얕은 동기부여는 지속적인 열정을 유지하기 어렵다. Why는 여러분의 존재 이유와 깊이 연결되어야 한다.

2) 현실성 있는 계획을 세우자

너무 이상적이거나 달성하기 어려운 목표를 설정하면 중도에 포기하기 쉽다. 현실적이고 구체적인 목표를 세우는 것이 중요하다. 예를 들어, "1년 안에 관련 자격증 2개를 취득하고 인턴십 1개를 완료한다"와 같이 명확하고 달성 가능한 목표를 설정하자.

3) 유연성을 가지자

상황에 따라 계획을 수정할 수 있어야 한다. 처음 세운 계획이 완벽하지 않을 수 있으니, 새로운 정보나 상황 변화에 맞게 로드맵을 조정하는 유연성이 필요하다. 목표를 고수하되, 방법은 유연하게 바꿀 수 있어야 한다.

4) 지속적인 피드백을 받자

주기적으로 자신의 목표와 계획을 점검하고, 피드백을 받아야 한다. 이를 통해 잘못된 부분을 수정하고, 더욱 효과적인 전략을 마련할 수 있다. 주기적으로 멘토와의 상담을 통해 자신의 진척 상황을 점검하고, 필요한 조언을 받는 식이다.

Why 목적과 신념	
How 목적을 어떻게 실현할지	
What 노력과 과정의 결과물	

- 골든서클 워크지 -

진로목표를 설정할 Why부터 시작하여 How와 What을 체계적으로 계획해보자. 여러분의 취업 전략은 더욱 명확해지고 성공 가능성도 높아질 것이다. 무엇보다도 여러분의 Why를 명확하게 찾아낼 수 있도록 심도 있게 고민하는 것이 필요하다. Why가 명확해질수록, 여러분의 자기계발 여정은 더욱 의미 있고 성공적일 것이다.

내가 진로를 달성했을 때의 이상적인 모습만을 보고 진로를 정한다거나, 다른 사람들의 추천으로 진로를 설정하는 경우도 있다. 하지만 허술하고, 자기중심적이지 못한 진로목표 설정은 여러 가지 어려움으로 돌아온다.

"내가 원하던 것은 이게 아니었는데…."

1년 미만으로 재직하다 퇴사하는 대부분의 사람이 이런 후회를 한다. 취업만을 중요시 생각한 대가라고 할 수 있다. 짧게는 수개월 길게는 수년간 준비한 곳에서 이러한 후회로 퇴사하게 된다면 자칫 내 삶 전반에 대한 회의감으로 번질 수 있다. 진로목표 설정이 그만큼 중요하다.

진로분야,
실체
파헤치기

막상 진로를 설정하려고 하면 어디서부터 어떻게 해야 할지 감이 오지 않아 처음부터 막연하게 느껴진다. 내가 정확하게 모르는 영역의 일을 파악해 결정해야 하기 때문이다.

어떤 사람은 진로를 이상적으로만 생각하여 결정하기도 하고, 어떤 사람은 잘못된 정보를 바탕으로 선택하기도 한다. 또 다른 사람은 주변에서 좋다고 하는 진로를 무작정 좇기도 한다. 진로분야를 정확하게 선정하고 실체를 파헤치기 위해서는 어떻게 진로를 설정하는 것이 좋을까?

진로분석을 시작하기에 앞서 정확한 직무 파악을 위해 산업, 기업, 직무의 3가지 개념을 구분하여 이해해야 한다. 각 단어의 사전적 의미는 다음과 같다.

먼저 산업은 '모든 분야의 생산적 활동 전반'을 지칭한다. 동시에 전체 산업을 구성하는 각 부문, 각 업종을 지칭하는 말로도 사용한다. 기업은 '이윤추구를 목적으로 하는 생산경제의 단위체'를 말한다. 직무는 '직책이나 직업상 책임을 갖고 담당해 맡은 일'을 의미한다. 각 단어의 위계를 지어보면 '산업>기업>직무' 순으로 정리할 수 있다.

직무는 산업, 기업과 떼어서 생각할 수 없는 영역이다. 같은 홍보 직무에서 일하고 있다고 해서, 자동차회사 홍보담당자와 통신회사 홍보담당자의 업무가 같을까? 같은 산업에 속한다고 삼성전자의 홍보담당자와 LG전자의 홍보담당자의 업무가 같을까? 큰 범주에서 업무의 내용은 비슷하겠지만 산업과 기업에 따라 구체적인 활동에는 분명한 차이가 있다. 군에서 같은 직책이지만, 부대의 구성과 상황에 따라 역할이 다른 것과 비슷하다. 따라서 직무를 생각할 때는 항상 산업과 기업을 고려해야 한다. 산업, 기업, 직무 관계를 이해했다면 지금부터 사례를 통해 어떻게 직무를 분석할지 살펴보도록 하자.

A 병장은 자신이 전공한 통신서비스 분야 기술직 취업을 목표로 정했다. 하지만 직무만 정했지 이후 직무에 대한 정확한 정보를 확인하거나 채용정보를 확인하려니 막막했다. 실제로 A 병장과 같은 고민을 하는 구직자가 많다.

보통 학력, 경력, 경험, 자격증, 교육 수료 내용 등의 이력을 바탕으로, 자신이 유리하다고 생각하는 범위에서 자신의 진로를 정하는 사례가 많다. 이런 경우 해당 분야에 대한 기본적인 지식은 있지만, 산업과 기업별로 직무가 어떻게 달라지는지 파악할 수 있을 정도는 아니다. 이런 경우 어떻게 진로목표를 구체화할 수 있을까?

산업분석 사례

산업영역을 구체화하기 위해서 A 병장은 평소 관심 있던 통신서비스 분야와 관련 있는 산업을 검색해보기로 했다.

검색은 여러 가지 방법이 있을 수 있지만, 가장 쉽게 접근할 수 있는 통계청 통계분류포털(https://kssc.kostat.go.kr:8443)을 활용하는 방법이 있다. 통계분류포털에는 한국표준산업분류를 확인할 수 있다. 방법은 간단하다. 포털에 접속하여 관심 분야를 검색하면 된다.

A 병장은 통신서비스를 검색하였는데, 분류로 '유선 통신업'과 '무선 및 위성 통신업'이 확인되었다. 서비스 예시와 설명을 확인한 A 병장은 학교 전공과도 관련 있고 평소 비전이 있다고 생각하는 무선 및 위성 통신업으로 범위를 좁혔다.

A 병장이 활용한 통계분류포털에서는 한국표준산업분류뿐만 아니라 한국표준직업분류, 전문기술인적자원분류와 같은 정보도 함께 제공하기 때문에 관심 직무분야 전반에 대한 정보를 얻을 수 있다.

- 통계분류포털 -

기업분석 사례

A 병장과 같이 산업을 구체화하면 자연스럽게 해당 산업에 속하는 다양한 기업이 머릿속에 떠오른다. 분야가 특수해서 산업과 관련된 기업이 떠오르지 않는다고 걱정할 필요는 없다. 일반 포털이나 채용 포털에서 산업분류명이나 내용에서 키워드를 찾아 검색하면 얼마든지 관련 기업을 찾아낼 수 있기 때문이다.

A 병장은 무선 및 위성 통신업에서 검색하고 떠올린 기업을 정리해보니 SK텔레콤, KT, LGU+라는 키워드가 떠올랐다.

이들 기업을 분석하는 방법에는 여러 가지가 있다. 먼저, 각 기업 출신이 직접 작성한 기업리뷰가 있는 잡플래닛 (www.jobplanet.co.kr)과 캐치 (www.catch.co.kr), 직장인 커뮤니티인 블라인드 등을 통해 정보를 얻을 수 있다.

또한, 통신 3사와 같이 상장기업이거나 일정 규모 이상의 기업이라면 보도자료 등 PR(Public Relations) 자료나 기업공시 등 IR(Investor Relations) 자료를 통해 정보를 얻을 수 있다. 이러한 다양한 경로를 통해 기업분석 자료를 수집하여 기업의 특징과 성향, 선호 인재상 등을 비교 분석하면서 적합한 기업을 선정할 수 있다.

물론, 정보 중에서도 개인의 의견이 중심되는 정보는 편향적 내용이 있을 수 있으니 이 점은 고려해야 한다. A 병장은 기업분석을 통해서 KT를 선택했다. A 병장처럼 꼭 하나의 기업만 정할 필요는 없다. 관심 있는 기업이 여러 곳이라면 여러 기업을 선택하면 된다. 기업분석이 어느 정도 마무리되었다면 직무분석에 대해 알아보자.

잡플래닛

캐치

- 잡플레닛, 캐치, 다트 공시 홈페이지

직무분석 사례

A 병장은 산업과 기업을 결정하고 나서, KT의 무선통신서비스 분야 기술직은 어떤 업무를 하는지 궁금해졌다. A 병장과 같이 산업과 기업을 구체적으로 설정했다면 훨씬 구체적으로 직무의 정보를 얻을 수 있다.

KT와 같은 일정 규모 이상의 기업은 채용사이트를 구축하고 있고, 채용 직무에 대한 소개가 있다. 이 내용을 확인하면 해당 기업에서 내가 지원하는 직무가 어떤 역할을 하고 있는지 구체적으로 확인할 수 있다.

A 병장은 KT 채용 사이트(https://recruit.kt.com)에서 무선통신 서비스 기술직 정보를 확인하였다. 다양한 직무가 있었지만, 특히 유/무선 네트워크기술 개발과 AI기반 네트워크기술 개발, 두 직무가 눈에 띄었다.

A 병장은 수행 업무 설명과 관련 전공 및 우대사항을 살펴보고, 유무선 네트워크기술 개발 직무를 선택했다.

이처럼 기업 채용사이트에는 직무에 적합한 인재를 선발하기 위해 수행하는 업무와 관련 전공, 우대사항이 공개되어 있다. 정확한 정보를 확인할 수 없다면 관심 직무를 기존 채용공고에서 찾아볼 수 있으며, NCS 국가직무능력표준(https://www.ncs.go.kr)에 접속해서 관련 기업 또는 유사한 직무의 직무기술서를 통해 확인할 수 있다.

A 병장은 산업, 기업, 직무를 구분하고 구체화 과정을 통해, 무선통신산업 분야에서, 활발히 사업을 진행하고 있는 KT라는 기업의, 다양한 직무 가운데 유/무선 네트워크기술 개발이라는 구체적인 직무를 선택할 수 있었다. 현재 자신의 목표가 구체적이지 않다면 A 병장과 같은 방법으로 자신의 직무를 구체화해보자. 나에게 딱 맞는 직무를 찾는 데 도움이 될 것이다.

- NCS 국가직무능력표준 -

관심 산업	관심 기업	관심 직무

- 산업, 기업, 직무분석 워크시트 -

4주간 주간 베스트 5 선정하기

산업, 기업, 직무분석을 하더라도 진로 선정이 어렵게 느껴질 수 있다. 최소한 자신의 흥미나 관심 분야가 있어야 산업, 기업, 직무 분석을 통해 좁혀갈 수 있다. 하지만 도대체 무엇을 어떻게 해야 할지 전혀 감이 오지 않는다는 장병들도 많다. 너무 고민할 필요는 없다. 직접 잡포털(잡코리아, 사람인, 워크넷, 인크루트 등)에서 내가 관심 있는 채용공고를 찾아보면 내가 몰랐던 흥미 있는 진로를 발견할 수 있다. 방법은 아래와 같다.

① 잡코리아, 사람인, 워크넷, 인크루트 등 잡포털에 접속한다.

② 관심 있거나 흥미 있는 키워드를 검색한다. 관심 분야가 없다면 카테고리별로 채용공고를 살펴보거나, 포털에서 나열한 채용공고를 순서대로 확인해도 좋다. (포털에 따라 맞춤형 서비스를 제공하기도 한다.)

③ 채용공고에서 내용을 자세히 확인한다. (관심 분야를 찾으려는 시도이기 때문에 지원 기간이 지났거나, 세부적인 조건이 맞지 않아도 된다.)

④ 한 주간 검토한 채용공고 중에 관심 있는 채용공고 5가지를 기록한다.

⑤ 4주간 반복하고 그간 찾은 채용공고에서 공통점을 찾아본다.

⑥ 공통점이 있는 채용공고를 바탕으로 산업, 기업, 직무분석을 해본다.

이 방법을 장병들에게 권해 본 결과 첫 주에는 노력을 기울였지만 이렇다 할 내용을 찾지 못하다가, 2~3주 차에 접어들면서 검색 기술도 늘고, 관심 분야가 좁혀지거나 몰랐던 분야를 발견하기도 한다. 4주 차가 되면 제법 진로가 뚜렷해진다. 그때 산업-기업-직무분석을 진행하면 진로를 좁힐 수 있다.

이 방법을 활용하면 막연하게만 느껴졌던 진로설정이 조금 현실적으로 다가올 것이다. 본격적인 자기계발, 취업 준비에 앞서 나의 진로부터 정해보자. 또 진로목표가 딱 하나일 필요는 없다. 2~3가지 진로목표로 정리되어 있으면 지금 내가 무엇을 해야 할지 방향을 잡기 쉽다.

구분	1주차	2주차	3주차	4주차
1위				
2위				
3위				
4위				
5위				

- 4주간 베스트 5 워크지 -

온스펙 전략 :
진학과 취업의
사이에서

전역 후 진로를 선택하면서 진학을 생각하는 장
병들을 자주 만난다. 이들은 크게 두 부류로 나뉜다. 첫 번째는 연구개
발, 컨설팅, 교육 등과 같은 학위가 필요한 분야로 진출하기 위해 진학
을 고민하는 부류다. 또 다른 부류는 정확한 진로를 찾지 못해 진학을
통해 시간도 벌고 자기계발도 할 목적으로 진학을 고민한다. 대부분이
위 두 부류에 속하는데, 여러분은 어느 편이 더 합리적이라고 생각하는
가? 당연히 전자라 생각할 것이다.

첫 번째 부류는 진학이 진로설정과 취업의 선결 조건이므로 분명
히 도움이 될 것이다. 두 번째 경우에도 진학을 통해 구체적인 진로
를 찾거나 새로운 방향을 발견할 수 있는 기회가 올 수도 있다. 하지만
석·박사 학위 취득이 오히려 오버스펙(Over-Spec)으로 평가받아 취업에

방해가 되는 경우도 있다. 이른바 '묻지 마' 또는 '도피성 진학'보다는 취업에 도전하고 현업에서 필요함을 느낄 때 진학하는 것이 바람직한 선택이다.

온스펙(On-Spec) 전략

이런 문제는 꼭 진학에서만 발생하는 것은 아니다. 직업교육, 국가자격증 취득, 공모전 참가, 양성과정 등 거의 대부분의 과정에서 생길 수 있는 고민이다. 따라서 진로와 관련된 선택 전에 '온스펙(On-Spec) 전략'을 고민해야 한다. 온스펙 전략은 '채용과정에서 인정받을 수 있는 스펙을 중심으로 준비하는 것'을 말한다.

온스펙 전략이 중요한 이유는 군 생활 중에도 우리가 쌓아야 할 스펙이 '진로 연관성'을 고려한 것이어야 하기 때문이다. 따라서 자신이 어떤 분야에 관심이 있는지 명확하게 파악하는 것이 우선이다. 그리고 그 분야에서 어떤 경험과 경력을 인정해주는지 확인하고, 그 분야와 관련된 경험과 자격을 준비하는 것이 바로 온스펙 전략이다.

예를 들어, 정보기술(IT) 분야에 관심이 있는 장병이라면, 군 복무 중에도 IT와 관련된 활동에 집중하는 것이다. 복무 중 온라인 교육 과정을 찾아 수강하고, 휴가 중 세미나와 모임, 행사를 찾아 경험을 쌓는다. 또 부대에서 관련된 공모전이나 행사, 경연대회에도 참여하는 것이 좋다.

경영이나 관리 쪽으로 진로를 잡고 싶은 경우라면 부대 내 관리 업무나 조직 활동에 적극적으로 참여하고, 군 생활 중에 관련 서적을 읽고 온라인 교육을 수강하는 것이 좋다. 또 거기서 배운 지식을 부대에 적용해 보면서 리더십과 관리 역량을 키워나가는 것이 필요하다. 상황이 된다면 분대장 등의 역할을 경험해보는 것도 좋다. 이러한 경험들은 군 복무가 끝난 후에도 이력서에서 빛을 발하게 되며, 기업이 필요로 하는 인재로 성장할 수 있는 밑거름이 된다.

하지만 많은 장병이 흔히 빠지는 함정은 '오버스펙'이다. 이력서의 빈칸을 채우기 위해 봉사활동, 공모전 수상, 다양한 대외활동 등을 과도하게 추가하려고 노력한다. 불과 십수 년 전만 해도 이러한 오버스펙이 각광받기도 하였다. 이력서의 한 줄을 만들기 위하여 관련 없는 자격증, 대외활동에 지나치게 집중하였고, 실제 합격으로 이어지는 사례도 분명히 있었다.

하지만 요즈음 인사담당자들이 중요하게 생각하는 것은 '직무와의 직접적인 연관성'이다. 예를 들어, 취업준비생의 96%는 '수상 이력'이 중요하다고 생각하지만, 인사담당자들 중 42%만이 그 중요성을 인정하고 있다. 봉사활동의 경우도 상황은 비슷해서, 인사담당자의 12.5%만이 중요하다고 평가한다. 이는 기업들이 단순히 화려한 스펙보다는 직무와 직접적으로 연관된 경험과 역량을 더 높게 평가한다는 점을 잘 보여준다.

인사담당자				취업준비생		
순위	점수	항목		항목	점수	순위
1	3.34	자격증		영어성적	4.52	1
2	3.28	인턴경험		자격증	4.48	2
3	3.18	영어성적		인턴경험	4.32	3
	3.18	출신학교		출신학교	4.12	4
5	2.9	학점		학점	3.92	5
6	2.84	대내외활동		수상이력	3.9	6
7	2.8	수상이력		대내외활동	3.88	7
8	2.7	해외경험		해외경험	3.3	8
9	2.46	제2외국어		제2외국어	3.18	9
10	1.92	봉사활동		봉사활동	2.94	10

- 10개 스펙에 대한 인사담당자와 취업준비생의 취업 인식 미스 매칭(출처: (재)교육의봄) -

왜 이런 차이가 발생하는 것일까? 그것은 기업이 실질적으로 필요로 하는 능력과 취업준비생들이 생각하는 능력 사이에 차이가 존재하기 때문이다. 기업들은 특정 직무를 수행할 수 있는 전문성을 갖춘 인재를 원한다. 그래서 직무와 관련이 적은 활동보다는 직무와 직결된 경험과 자격을 더 중요하게 여기는 것이다.

예를 들어, 최근 한 조사에 따르면, 인사담당자들이 가장 중요하게 생각하는 스펙은 '직무 관련 자격증'(83.4%)과 '인턴 경험'(81.3%)이었다. 이는 그들이 실제 업무에서 바로 활용할 수 있는 역량을 더 높게 평가한다는 것을 보여준다. 따라서 위의 2가지 영역은 '실제 업무에서 바로 활용할 수 있는 역량'을 보고 싶어 하는 기업에서 지속적으로 중요한 가치로 볼 것이다.

군 복무 중에도 이러한 점을 고려해 자신만의 전략을 세워야 한다. 군에서 제공하는 다양한 교육 프로그램을 활용해 직무와 관련된 자격증을 취득하거나, 군 외부와의 협력 프로그램을 통해 개설되는 교육 프로그램에 참여하는 것도 좋은 전략이다. 이러한 활동들은 전역 후 취업에 있어 '필수적'이면서도 '직접적인' 경험이 될 수 있다. 또한, 복무 중에 어떤 활동을 선택하든지, 그 활동이 자신의 진로와 어떻게 연결될 수 있는지 항상 고민해야 한다. 단순히 많은 활동을 채우기보다는, 필요한 활동을 제대로 실행하는 것이 중요하다.

군 생활을 자기계발의 기회로 활용하는 또 하나의 방법은 '온스펙' 전략을 실천하는 것이다. 이 전략은 '스펙 다이어트'의 일환으로 불필요한 스펙을 줄이고, 목표 직무에 필요한 경험과 자격을 중점적으로 준비하는 것을 말한다.

군에서 관리 업무를 맡은 경험이 있는 장병은 이를 바탕으로 직무와 직접적인 연관이 있는 교육과정을 수강하거나, 관리와 조직 운영 능력을 키울 수 있는 실습 기회를 찾는 것이 좋다. 이런 식으로 목표하는 진로와 직결된 경험을 쌓는 것이 취업 준비에 큰 도움이 된다.

결론적으로, 군 복무 기간 동안 진로를 위한 자기계발 시 '온스펙' 전략을 중심으로 계획을 세워야 한다. 이를 통해 자신이 목표로 하는 진로와 연관된 자격증과 경험을 쌓는 데 집중하고, 그 활동이 어떻게 자신의 진로에 기여할 수 있을지를 고민하는 것이 중요하다. 이렇게 군 생활을 자기계발의 기회로 활용하면, 전역 후 더 나은 커리어를 설계해 나갈 수 있을 것이다.

중요한 돌을
먼저 놓지 않으면
영원히 놓을 수 없다

자기계발에 관한 아주 유명한 일화가 있다.

어느 대학의 교수가 강의시간에 투명한 상자를 가져다 놓고, 그 안에 제법 큰 돌 몇 개를 넣어 가득 채웠다. 그리고 학생들에게 물었다.

"이 상자가 가득 찼습니까?"

학생들이 대답했다.

"네!"

그러자 교수는 그 상자에 다시 작은 자갈들을 넣어 큰 돌 사이에 자갈들이 채워지게 했다. 그리고 다시 학생들에게 물었다.

"이번에도 상자가 다 찼습니까?"

학생들은 역시 대답했다.

"네!"

교수는 웃으며 그 상자에 이번에는 모래를 채우기 시작했다. 교수는 학생들에게 한 번 더 질문했다.

"여러분, 지금 제가 뭘 말하려고 하는지 아시나요?"

학생들은 아무도 대답하지 못했다. 그러자 교수는 다시 말했다.

"많이 넣을 수 있다는 것을 보여주려는 것이 아닙니다. 큰 것부터 상자 속에 넣지 않으면 큰 것을 넣을 기회가 없어진다는 사실을 말하려는 것입니다."

자갈이나 모래를 먼저 넣었다면, 큰 돌을 넣을 기회는 없을 것이다. 목표를 이루기 위해서는 가장 중요한 것부터 먼저 해야 한다. 그런데 살아가다 보면 급한 일을 하다가 정작 중요한 일을 놓치는 경우도 있다. 그러니 우선순위를 정하는 것이 중요하다. 급한 일을 처리하기에 급급한 인생이 아니라, 삶의 목적을 이루는 데 가장 중요한 일부터 먼저 할 때 성공한 인생을 살아갈 수 있다.

삶의 우선순위를 정해놓지 않는다면, 다른 사람이 내 삶의 우선순위를 정할 것이다. 생각하는 대로 살지 않으면, 살아가는 대로 생각하게 된다. 나는 내가 생각하는 대로 살고 있는가? 내가 원하는 삶이 아닌 다른 사람의 영향을 받아 살아가는 것은 아닐까? 자신에게 질문해보기 바란다.

20대의
흔한
착각

병사들 대부분은 20대 초중반이다. 각자 경험들을 쌓아왔지만 사회경험이 충분하다고 보기는 어려운 나이다. 그러다 보니 진로를 선택하는 과정에서 '20대의 흔한 착각'이라는 함정에 빠진다. 경험이 많지 않기 때문에 시행착오를 겪을 수밖에 없긴 하다. 하지만 진로를 선택하며 빠지기 쉬운 함정들을 미리 확인한다면, 현명한 선택을 할 수 있다.

첫 직장이 평생을 좌우한다는 착각

우리는 모두 좋은 직장에 가고 싶어한다. 어떻게 보면 당연한 이야기다. 하지만 내가 목표한 직장에 "언제 들어갈 것이냐?"는 질문을 자신에게 꼭 해봐야 하다. 모두가 꿈꾸는 좋은 직장을 첫 직장으로 시작하면 정말 좋겠지만, 모두가 가고 싶어 하므로 경쟁 또한 만만치 않다. 조금만 더, 조금만 더 하다 보면 4~5년이 훌쩍 지나간다. 4~5년 동안 다른 경력은 배제한 채, 취업준비에만 몰두했다면 곤란한 상황에 처할 수 있다. 무경력과 많은 나이가 취업에 제한 요인이 될 수 있다. 입사를 하더라도 나이 어린 선배들 사이에서 눈치 보며 일을 배우는 상황이 생길 수도 있다. 그동안 취업을 위해 들인 시간과 노력이 회의감으로 돌아올 수도 있는 것이다.

보통 전문자격증(변리사, 회계사 등)을 준비하거나, 좋은 직장을 가기 위해 취업을 미루다가 진로를 바꿔 다른 분야로 취업을 준비하게 되면 많은 어려움을 겪는다. 새로운 진로에 필요한 자격증, 경험을 처음부터 다시 쌓아야 하기 때문이다. 시간도, 비용도, 멘탈도 부서지는 순간이다. 이런 경우를 대비하여 반드시 플랜B(Plan B)를 마련하고, 기한 내에 목표를 달성하지 못한다면 과감히 목표를 수정하는 용기가 필요하다.

최근 채용시장에서는 첫 번째 기업보다 두 번째, 세 번째 취업이 더 중요하다고 말한다. 기업에서는 경력직을 선호하고 경력 없는 신입의 채용을 줄이고 있다. 이른바 중고신입을 선호하는 분위기이다. 그러므로 회사에 들어가 경력을 쌓고, 그 경력을 바탕으로 이직하는 '계단형 커리어 전략'이 중요해졌다.

직장인들의 64.4%가 첫 직장이 중소기업이라 답한 조사가 있다. 경력을 쌓아 중소기업에서 중견기업으로, 중견기업에서 대기업으로 성공적으로 이직을 한 사례들이 자주 나오고 있다는 것도 눈여겨볼 일이다. 이제는 첫 직장이 마지막 직장이 아니라는 것을 잊지 말자.

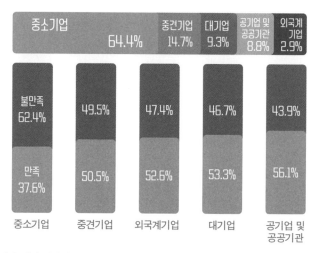

- 5년차 이하 직장인 648명을 대상으로 '첫 취업 현황'을 조사한 결과(출처: 사람인) -

그리고 우리나라에서는 아직까지 좋은 직장을 들어가기 위해서 시험과 평가를 잘 보는 능력이 필요하다. 일을 잘하는 것과 시험과 평가를 잘 보는 것이 일치하지 않음에도 말이다. 그러므로 내가 시험과 평가를 잘 보는 스타일이라면 시작 목표를 높게 잡아도 문제없지만, 시험과 평가에 약한 스타일이라면 실력과 경험을 쌓아 커리어를 발전시키는 전략이 중요하다. 이렇게 진로를 선택하는 과정에서 자신의 장점과 특성을 고려하는 것이 중요하다.

내가 들어간 회사는 계속 성장할 것이라는 착각

내가 선택한 회사가 계속 성장할 것이라는 착각을 버려야 한다. 우리나라는 꾸준하게 성장하고 있는 나라지만, 고도성장 시대는 지나간 상태이다. 과거 고도 성장기에는 대부분의 회사가 좋은 경제 흐름에 따라 성장을 거듭했고, 특히 대기업은 그 수혜를 톡톡히 받았다. 하지만 지금은 대기업도 회사를 지속적으로 성장시키기가 쉽지 않다.

A 기업은 해외에서는 유망하지만 국내에서는 몇 년째 제자리걸음 중이다. 기업 이미지를 유지하기 위해 신입사원들의 연봉을 꾸준히 올려 채용하지만, 기존 직원들의 연봉은 몇 년째 정체 중이다. 여러분이 기존 사원이라면 어떤 기분이 들겠는가? 상대적 박탈감이 크게 느껴질 것이다.

지금 좋아 보이는 기업이 앞으로도 잘 유지될 수 있을까? 반대로 재정적으로 힘들어 보이는 기업은 곧 무너질까? 정답은 '아무도 모른다'이다. 좋은 곳을 찾기 위해 노력하되 완벽한 곳은 없다는 것을 명심하자.

진로목표 달성은 확률 게임이다

진로목표 달성이 실력만으로 결정되는 것은 아니다.

학교 시험이나 자격증 취득은 주로 실력을 평가하게 된다. 주어진 범위를 얼마나 세부적으로 공부했는지에 따라 성적이 결정된다. 물론 시험에서도 시험 보기 직전에 봤던 부분이 나오거나, 평소 관심 있던 분야의 문제가 나오는 등 외부환경이 시험성적에 작용하기도 한다.

사회생활에서는 실력만큼이나 외부환경도 중요하다. 이것을 잘 표현해주는 것이 야구경기가 아닐까 생각한다. 어느 리그 최고의 타자도 매번 안타를 치지 못한다. 1위 선수도 타율이 3할대 중반에 수렴한다. 타석에 3번 들어서야 한 번 안타를 친다는 것이다. 타율을 올리기 위해서는 선구안(치기 좋은 공을 골라내는 능력) 등을 갖춰 실력을 키우는 것도 중요하지만, 자주 타석에 들어서는 것(외부환경) 역시 중요하다.

상담을 위해 장병들을 만나보면 실패가 두려워, 혹은 주변에서 뭐라고 생각할까 두려워 시도하지 못하는 경우를 많이 본다. 하지만 더 두려워해야 할 것은 횟수가 정해지지 않은 확률 게임에서 게임에 뛰어드는 것을 거부하는 것이다.

진로목표를 달성하려면 도전해야 한다. 도전할수록 실력도 올라가고 목표에 다가설 수 있다. 그래서 진로목표 달성을 위해 중요한 것은 5%의 실력과 95%의 마인드셋이라고 말한다. 진로목표를 달성하고 싶다면 계속해서 확률 게임에 참여해야 한다.

어디에 내어놓아도 부끄럽지 않은 진로목표

자신이 정한 진로에 확신이 없는 장병들이 있다. 자신의 진로를 정할 때조차 그 결정에 자유롭지 못하기 때문이다. 내 진로목표를 듣고 부모님이 실망하시지는 않을까, 친구들이 비웃지는 않을까, 교수님과 학우들이 나를 이상하게 생각하지 않을까, 눈치를 보았기 때문이다. 나의 진로선택에 다른 사람의 눈치를 본다는 것이 맞는지 생각해볼 필요가 있다.

특히 20대에는 각종 매체와 SNS에 올라와 있는 삶의 모습과 방향에 휘둘리기 쉽다. 조기에 경제적 자립을 이루어 일을 하지 않는 파이어족의 삶, 멋진 일을 통해 사회에서 대우와 존중을 받는 삶, 일과 삶의 균형을 잡고 멋진 여가생활을 하는 삶 등등. 물론 모두 존중받아 마땅하고, 부러움의 대상이 될 수 있다. 하지만 치열하게 살아본 사람들은 다 알 것이다. 그런 모습은 그들 삶의 일부일 뿐이라는 것을.

진로를 정할 때 자신이 진정으로 바라는 삶과 모습에 집중하기를 바란다. 절실하게 진로를 고민했다면 최선을 다하게 된다. 하지만 매체나 SNS에서 또 주위에서 부추긴 진로목표는 시간이 흐르면 흐를수록 목표에 집중하지 못하고 겉돌게 된다. 진로를 정할 때 가장 중요한 것은 나 자신이라는 것을 명심하자.

결국 20대에 빠지기 쉬운 착각들은 경험과 정보의 부족에서 비롯된다. 첫 직장이 인생의 모든 것을 결정한다고 믿거나, 내가 선택한 회사가 영원히 성장할 것이라는 기대, 진로목표를 달성하는 것이 오직 실력의 문제라고 생각하는 것, 그리고 남들과 끊임없이 비교하는 습관 등은 우리의 가능성을 제한하고 불필요한 불안을 낳을 수 있다.

이러한 착각에서 벗어나기 위해서는 유연한 사고와 함께 현실적인 접근이 필요하다. 첫 직장은 커리어의 시작일 뿐 평생을 좌우하지 않으며, 모든 회사는 상황에 따라 변할 수 있음을 인지해야 한다. 또한 진로목표는 실력뿐만 아니라 여러 변수와 기회에 의해 결정되므로, 실패를 두려워하기보다는 여러 번 시도하고 도전하는 자세가 중요하다. 마지막으로, 진로를 선택할 때 중요한 것은 남들의 시선이 아니라 나 자신이 진정으로 원하는 삶을 찾고 그에 맞는 길을 선택하는 것이다.

진로를 정할 때 자신이 진정으로 바라는
삶과 모습에 집중하기를 바란다.
절실하게 진로를 고민했다면 최선을 다하게 된다.
진로를 정할 때 가장 중요한 것은
나 자신이라는 것을 명심하자.

5

군에서
취업준비
하기

취업준비도 군사작전처럼 치밀해야 한다.

체계적인 취업준비를 위해 군 작전계획에 사용되는

요소를 활용해 취업작전을 수립해보는 것은 어떨까?

취업준비도
군사전략
같이(METT-TC 활용법)

취업준비도 군사작전처럼 치밀해야 한다. 체계적인 취업준비를 위해 군 작전계획에 사용되는 요소를 활용해 취업작전을 수립해보는 것은 어떨까?

군에서 작전계획에 사용하는 METT-TC 요소가 있다. 6가지 키워드의 앞 스펠링만 딴 것이 METT-TC다. 이 6가지 요소만 고려하면 군사작전뿐만 아니라 취업작전에서도 대승을 거둘 수 있으니 적용해보자.

METT-TC는 Mission(임무), Enemy(적), Terrain and Weather(지형 및 기상), Troops Available(가용부대), Time Available(가용시간), 그리고 Civil Considerations(민간 고려요소)를 말한다. 언뜻 보기에는 취업과 전혀 관련 없어 보이는 이 6가지 키워드를 어떻게 취업준비에 활용할 수 있을지 지금부터 살펴보자.

1) 임무(Mission)

먼저, Mission(임무)부터 생각해보자. 군에서는 상관이 임무를 부여하지만, 사회에서는 스스로 정해야 한다. 즉, 나의 취업목표를 스스로 설정해야 한다. 어떤 직무와 기업을 목표로 할 것인지, 그리고 이 목표를 얼마나 구체적으로 설정하는지에 따라 취업 성공 여부가 달라질 수 있다. 예를 들어, 막연히 '마케팅 직무에 가고 싶다'라고 생각하는 것보다는, '글로벌 마케팅 전략 수립을 담당하고 싶다'와 같이 구체적으로 설정하는 것이 좋다.

지난해 전역한 K 장병은 '기업에 들어가고 싶다'라는 막연한 목표가 아닌 '서울 소재 중견기업의 B2B 영업직'이라는 구체적인 목표를 세웠다. 이후 목표에 맞는 자격증과 경력을 쌓아 6개월 만에 목표한 직무에 취업할 수 있었다. 목표가 구체적일수록 성공은 가까워진다.

2) 적(Enemy)

적을 분석해야 승리할 수 있듯이, 취업전쟁에서 원하는 목표를 얻으려면 '적'을 철저히 분석해야 한다. 여기서 적은 '내가 지원하려는 기업'이나 '같은 직무의 경쟁자'들을 의미한다. 경쟁자들이 어떤 강점이 있는지, 그리고 그들과 차별화할 수 있는 나만의 장점은 무엇인지 생각해보자.

예를 들어, 경쟁자들이 어학성적이 뛰어나다면, 나는 관련 경험이나 자격증을 취득하고 나만의 포트폴리오를 준비해 경쟁력을 높일 수 있다.

영어성적도 중요하지만, 앞에서 살펴본 것처럼 인사담당자들은 자격증과 인턴 등의 경험을 더 중요시한다. 따라서 경쟁상대인 다른 지원자들을 따라 하기보다는 자신만의 강점을 어필하는 전략이 필요하다.

3) 지형 및 기상(Terrain)

지형 및 기상은 취업 시장의 상황을 파악하는 것이다. 내가 목표로 하는 산업과 기업의 최근 동향, 채용 트렌드를 살펴보는 것이다. 이를 위해 최근에는 생성형 AI를 많이 활용한다. 생성형 AI를 활용하지 않으면 최신 채용시장에 대응하기 어렵다. 예를 들어, 생성형 AI를 활용해 이력서, 자기소개서, 면접스크립트 등을 준비하거나, AI를 활용해 자기소개서 분석, 면접 준비, 역량검사 등 여러 가지 도움을 받을 수 있다.

마이크로소프트에서 조사한 〈2024 업무동향지표〉에 따르면 인사담당자들은 생성형 AI를 활용하지 못하는 경력사원보다, 생성형 AI를 활용하는 신입사원을 더 선호한다고 한다(경력사원을 뽑겠다 21%, 신입사원을 뽑겠다 71%). 요즘 국내 기업에서 "우리도 AI로 뭐 좀 해봐야 하지 않아?"라는 말이 심심찮게 나오고 있다. AI 활용에 관한 고도화된 기술과 능력을 갖추고 있지 않더라도 비교적 쉽게 활용할 수 있는 것이 현재의 생성형 AI이다. 생성형 AI 활용 기술을 배워 활용하는 것이 큰 도움이 될 것이다.

4) 가용부대(Troops available)

가용부대는 쉽게 말해 내가 취업 준비에 사용할 수 있는 나만의 자원이다. 학력, 경력, 자격증, 어학성적, 경험 등 나의 이력서를 분석해 어떤 부분이 강점이고, 또 어떤 부분을 보완해야 할지 파악하는 것이 중요하다. 가용부대가 부족하다면, 부족한 역량을 채워줄 자격증을 준비하거나 경험을 쌓는 것도 좋은 방법이다. 예를 들어, IT 직무에 관심이 있다면 관련 자격증을 취득하거나 온라인 강의를 통해 기능을 향상시킬 수 있다.

전역 후 IT 직무로 취업을 준비한 K 병장은 가용부대, 즉 내 가용자원이 부족하다고 판단해 전역 후 국비 지원을 받아 IT 교육을 이수하고, 네트워크 관련 자격증을 취득했다. 이를 통해 취업 시장에서 경쟁력을 높여 국내 대기업의 IT 부서에 입사했다.

5) 가용시간(Time available)

가용시간은 취업 준비에 투자할 수 있는 시간을 말한다. 가용시간이 충분하다면 장기적인 계획을 세우고, 부족하다면 우선순위를 정해 준비해야 한다. 예를 들어, 3개월 후 취업을 목표로 한다면, 1개월 동안은 이력서와 자기소개서 작성에 집중하고, 나머지 2개월 동안은 지원할 기업을 찾아 세부적인 지원서류를 준비하는 등 체계적인 계획을 세워보자.

특히, 전역 이후 경제 활동을 병행하면서 취업을 준비해야 하는 경우에는 가용시간 관리가 더욱 중요하다. Y 병장은 전역 후 매일 아르바이트를 하면서 하루 2시간씩 꾸준히 취업 준비 시간을 확보하고, 일요일 오후는 면접 준비와 모의 면접에 할애해 4개월 만에 원하는 회사로 취업에 성공했다.

6) 민간 고려요소(Civil consideration)

민간 고려요소는 취업 준비에 필요한 외부 지원이나 제도를 의미한다. 정부의 취업지원 프로그램, 취업성공 패키지, 제대군인센터와 같은 자원을 활용하는 것이다. 국방전직교육원은 제대군인들을 위하여 진로지도 검사로부터 각종 교육과 컨설팅 등 다양한 취업지원 프로그램을 제공하고 있다. 이러한 자원을 적극 활용하면 혼자 준비하는 것보다 훨씬 효율적으로 취업을 준비할 수 있다.

지금까지 METT-TC 요소를 활용해 취업작전을 수립하는 방법에 대해 알아봤다. 복무 후 전역은 모든 장병이 처음으로 겪게 될 현실이다. 두려움과 긴장감은 어쩌면 당연하다. 피하거나 미루지 말고 지금이 취업을 준비하기 가장 좋은 시간이라는 것을 기억하자. METT-TC 요소를 활용해 자기 스스로 인생의 지휘관이 되어 군 생활의 마지막 작전인 취업작전에서도 큰 승리를 거두어보자.

기업별
입사
프로세스

기업과 조직은 규모와 형태에 따라 크게 대기업, 중견기업, 외국계기업, 공공기관, 중소기업 등으로 구분할 수 있다. 이렇게 구분하는 이유는 해당 그룹별로 채용 프로세스가 상이하기 때문이다.

최근 기업의 채용 트렌드는 기업 규모와 관계없이 수시·상시채용이 주를 이루고 있으며, 신입 공개채용은 크게 줄고 있는 실정이다. 현재 국내의 경제 상황 등을 고려하면 이러한 분위기는 단기간에 바뀌기 어려울 것으로 보인다. 하지만 이러한 일반 기업의 채용 흐름과 달리, 공공기관이나 국가기관은 신입 공개채용을 유지하고 있다. 이처럼 조직의 형태에 따라 채용 추세가 다르고, 전형에도 차이가 있다. 따라서 내가 취업을 목표로 하는 곳의 프로세스를 확인해볼 필요가 있다.

대기업, 중견기업, 외국계 기업

대기업, 중견기업, 외국계 기업의 채용절차는 '서류전형 → 필기평가 → 1차면접 → 2차(임원)면접 → 건강검진'의 순서가 일반적이다. 최근 공개채용보다 수시 및 상시채용이 급격하게 늘고 있다. 기업 규모가 크다 보니 바로 전문역량을 보여줄 수 있는 인재를 선호하기 때문이다. 따라서 채용과정에서 전문성을 강조하고 업무역량을 강조하는 것이 그만큼 중요하다. 나의 전문성을 드러내기 어렵다면 전역 후 관련 실습, 인턴, 아르바이트, 관련 직무 취업 등을 통해 전문역량을 강조하는 것이 중요하다.

서류전형은 각 기업의 채용 사이트에 이력서와 자기소개서, 증빙서류 등을 작성하고 업로드하는 방식으로 진행된다. 최근 기업에서는 이력서에 입력된 내용을 바탕으로 가중치를 반영해 평가하고, 자기소개서는 AI 자기소개서 분석기를 활용해서 평가하기도 한다. 과거에 비해 서류평가에서는 수준 미달의 서류만 탈락시키고, 되도록이면 필기나 면접전형에서 평가하는 비율이 늘었다. AI면접과 화상면접, 전략게임, 성향분석을 함께 진행하는 AI역량검사를 도입하여 활용하는 기업도 있다. (기업마다 서류평가, 필기평가, 면접평가 전후에서 지원자를 평가하는 도구로 활용하고 있다.)

필기평가는 삼성의 GSAT와 같이 기업에서 개발한 직무적성검사를 진행하며, 인성검사를 함께 진행하는 경우도 있다. 직무적성검사는 언어능력, 수리능력 등 다양한 문제들이 제시되는데, 각 시험유형에 맞는 문제집이나 서적들이 많이 있어 충분한 연습이 가능하다. 다만 필기평가는 공공기관이나 국가기관에 비해 상대적으로 중요도가 낮아, 대략 3~4개월에서 짧게는 1~2개월가량 준비한다.

면접전형은 1차의 경우 실무진들이 평가하는데, 토론, PT 등 다양한 형태로 진행된다. 외국계 기업이거나 외국어 활용이 기초 소양으로 필요한 직무인 경우, 외국어 면접을 따로 보기도 한다. 기업에서 어떤 유형의 면접과 질문을 하는지는 2~3년간의 채용공고와 지원 후기를 통해 알아볼 수 있다. 면접 유형과 특징, 분위기 등을 사전에 파악하는 것은 훌륭한 답변을 준비하는 것만큼 중요하다.

최근에는 직무역량을 확인하기 위한 실무능력 평가도 진행하고 있다. 개발 직군이라면 코딩 테스트를, 디자인 직군이라면 디자인 실무 테스트를 하기도 한다. 건강검진은 거의 모든 채용과정이 끝난 마지막 단계라 할 수 있다. 대부분의 경우 큰 문제 없이 통과되지만, 건강 문제가 발견되는 경우 이 단계에서 탈락하는 경우도 간혹 발생하니 미리 건강을 체크하여 대비하는 것이 좋다. 건강검진은 대기업에만 국한하는 것이 아니라 대부분의 기관이나 기업에서 진행하고 있다.

대기업, 중견기업, 외국계 기업 등은 공공기관, 중소기업 등보다 연봉이나 복지 수준이 상대적으로 높으며, 전문성을 갖추기도 용이하다. 최근 노동시장이 유연해지면서 전문성과 능력이 입증된 직원은 이직을 통해 더 높은 연봉과 처우를 받을 수 있는 기회가 늘어나고 있다. 많은 구직자가 대기업에 취업하고 싶어하는 것도 이러한 맥락에서이다. 다양한 기회에 도전하고 성취를 추구하는 성향인 사람에게 추천하는 기업이다.

공공기관

공공기관은 중앙행정기관부터 지방공기업, 공직 유관단체 등 다양한 형태로 구분된다. 공공기관 취업은 일반 기업 취업과 다소 차이가 있다. 우선, 대부분의 신입직원 채용은 공개채용으로 진행되며, 채용과정에서 투명성과 공정성을 보장하기 위하여 법적 규정과 가이드라인이 존재한다. 채용과정은 '서류전형 → 필기평가 → 면접전형 → 신체검사 및 신원조회'로 구성되어 있다. 또한, 공공기관은 지방 인재의 취업 기회 확대를 위해 '지역인재 채용목표제'를 시행하고 있다. 이러한 제도적 지원을 통해 공공기관 취업의 문이 보다 쉽게 열리는 경우도 있다.

서류전형은 이력서, 자기소개서 등을 제출하는데, 이력서에 자격증, 어학성적, 경력, 경험 등이 계량화되어 있는 특징이 있다. 투명성과 공정성을 위해 블라인드 심사를 진행하며, 이력서는 서류전형 평가위원에게 제공되지 않는다. 또한 자기소개서에는 학교 실명, 출신 지역, 나이를 비롯하여 특정인임을 지칭할 수 있는 문구는 작성하지 못하게 되어 있다. 자기소개서 작성 시 이 사항을 어기는 경우 다른 자격 만족과 관계없이 서류전형에서 탈락하는 경우가 발생하니 꼭 주의해야 한다.

공공기관의 채용은 필기평가의 비중이 크다. 전공필기, NCS 평가를 중심으로 하며, 논술과 상식 시험을 보는 곳도 있다. 기술직 전공 필기의 경우 기사 필기나 7급·9급 공무원 전공과목 수준의 문제가 나온다. 사무직 전공 필기평가는 행정학, 법학, 경영학, 경제학 등 중에서 선택해 시험을 보는데, 7급 공개채용시험 수준으로 출제된다. NCS 평가는 공공기관별로 기출문제집이 많이 출간되어 있으니 문제유형을 익히기기에 좋다. NCS 문제는 문제 내용이 길고 난이도도 만만치 않다. 필기평가가 채용에 가장 큰 영향을 미치는 만큼 많은 준비를 해야 한다.

면접은 공공기관에 따라 1차 면접으로 끝나는 경우도 있고, 2차 면접까지 진행되는 곳도 있다. 면접은 블라인드 면접, BEI 면접(Behavior event interview, 행동사건기반 면접) 등의 형태로 진행된다. 앞서 자기소개서 작성에 주의했던 것처럼 블라인드 면접에서도 출신 대학, 부모 직업 등 특정인임을 지칭할 수 있는 표현에 주의해야 한다. 만약 지인이나 학교 선배 등 나와 연관 있는 사람이 면접관으로 와 있다면, 이것은 절대 기회가 아님을 인식해야 한다. 면접관에게 정중히 A 면접관이 아는 사람이라고 이야기하며 교체해줄 것을 요구해야 한다. 채용 후 면접관과의 관계가 밝혀지는 경우 공정 채용에 대한 문제 제기로 이어질 수 있기 때문이다. 또 BEI의 특성상 경험에 대한 상황, 행동, 과업, 결과 등의 질문이 이어지기 때문에 철저한 대비가 필요하다. 또 기관에 따라 토론 및 PT 면접 등이 진행되기도 하니 전형에 맞게 준비해야 한다.

공공기관은 대기업, 중견기업에 비해 채용인원이 상대적으로 적고, 채용절차도 까다롭다. 일반적으로 대기업, 중견기업에 비해 취업준비 기간이 오래 걸리는 특징도 가지고 있다. 따라서 비슷한 사업을 운영하는 공기업 여러 곳을 묶어서 준비하거나, 비슷한 분야의 공무원 준비와 함께 하는 경우가 많다.

공공기관은 일반기업에 비해 고용 안정성이 보장되기 때문에 안정적인 삶을 추구하는 사람에게 적합하다고 할 수 있다. 하지만 일반기업에 비해 조직이 경직되어 있고 연공서열을 중시하는 문화가 상대적으로 강하다. 따라서 역동적인 업무 스타일과 성과에 맞는 보상을 얻고자 하는 성향의 사람들에게는 이런 문화가 답답하게 느껴질 수 있다.

중소기업

중소기업의 채용절차는 비교적 단순하다. 보통 서류전형과 면접전형을 진행한다. 서류전형에서 이력서, 자기소개서를 통해 지원자의 특성과 직무역량을 파악한다. 면접전형의 경우에는 실무진과 임원이 함께 참여하기도 하고, 실무진과 임원이 1차, 2차로 나누어 면접을 보기도 한다. 중소기업은 채용절차가 비교적 간편한 편이다.

중소기업의 장점은 상대적으로 넓은 역할을 부여받기 때문에 업무에 대한 시야가 넓어질 수 있다는 점이다. 반면 여러 분야의 일을 하기 때문에 특정 분야에 대한 전문성이 떨어지는 경우도 있다. 중소기업은 앞서 소개한 대기업이나 공공기관에 비해 상대적으로 유연한 특징이 있다. 따라서 업무를 진행하면서 창의적인 생각과 활동을 발휘하기 좋다. 중소기업 중에서 경쟁력과 안정성, 처우가 좋은 강소기업을 따로 분류해 추천해주고 있고, 그중에서 청년들에게 추천할 만한 '청년친화 강소기업'도 있으니 나에게 적합한 기업을 찾아보는 것을 추천한다.

우리나라 기업 중 99%는 중소기업이다. 그만큼 수가 많기 때문에 내가 원하는 기업, 희망하는 직무분야에 지원할 수 있는 다양한 길이 있다. 흔히들 중소기업에 취업하는 것을 마치 취업전쟁에서 실패한 것처럼 이야기하기도 한다. 하지만 중소기업 중에도 중견기업, 대기업으로 성장할 수 있는 가능성을 가진 기업들이 충분히 많고, 내 역량을 기르고 경력을 쌓을 수 있는 소중한 기회를 제공해주는 곳도 많다. 이러한 소중한 경험이 더 큰 기업으로 이직하는 디딤돌이 될 수 있다.

지금까지 다양한 규모의 기업과 기관에서 어떻게 채용을 하는지 각 취업처의 장점과 단점을 확인해봤다. 취업처에 따라서 취업을 준비하는 방법, 기간, 중점사항이 다르며, 적합한 성향도 다를 수 있다. 나에게 꼭 맞는 기업(관)은 다른 사람들이 좋다고 평가하는 곳이 아니라, 나에게 맞는 곳임을 꼭 기억하자.

생성형 AI 활용하여
기업과 직무
분석하기

자기소개서 작성과 면접을 제대로 준비하기 위해서는 직무와 기업분석이 꼭 필요하다. 앞의 4장에서 직무와 기업분석의 기본과정을 살펴보았는데, 여기서는 심화과정으로, 생성형 AI를 활용해 직무와 기업을 조사·분석하는 방법을 살펴보겠다.

기업과 직무분석은 검증되고 확인된 자료를 바탕으로 해야 한다. 따라서 여러 생성형 AI 중에서 원문 출처를 비교적 정확하게 안내하고, 작성한 내용 중 어떤 부분이 무엇을 참고했는지 제시해주는 '코파일럿(Copilot)'을 추천한다.

코파일럿은 최신 자료를 검색하고 그에 맞게 내용을 생성하고 표시해준다. '샘표'라는 기업에 대해 생성형 AI를 통해 아래 그림과 같이 프롬프트를 입력해보았다.

샘표 기업에 대해 알려줘.

샘표식품은 1946년에 설립된 한국의 대표적인 식품 기업입니다. 창립 이래로 간장, 된장, 고추장 등 전통 발효 식품을 중심으로 다양한 식품을 제조해왔습니다 [1][2]. 샘표는 "내 가족이 먹지 못하는 것은 만들지도 팔지도 않는다"는 창업주의 신념을 바탕으로, 한국의 식문화를 대표하는 기업으로 성장해왔습니다 [1].

샘표의 주요 제품 중 하나인 요리에센스 연두는 100% 콩을 발효한 순식물성 제품으로, 재료의 맛을 살리는 '매직소스'로 불리며 전 세계적으로 주목받고 있습니다 [1]. 또한, 샘표는 '새미네부엌'이라는 브랜드를 통해 요리를 쉽고 즐겁게 만드는 다양한 제품과 솔루션을 제공하고 있습니다.

샘표는 한국 간장 소비 시장에서 약 50% 이상의 점유율을 차지하고 있으며, 지속적으로 글로벌 시장으로의 확장을 추진하고 있습니다 [2].

이 외에도 샘표는 다양한 우리맛 체험 프로그램을 통해 한국 식문화의 가치를 전 세계에 알리고 있습니다. 혹시 샘표의 특정 제품이나 프로그램에 대해 더 알고 싶은 부분이 있나요?

Learn more: 1. www.sempio.com 2. www.incruit.com 3. www.jobkorea.co.kr 4. www.jobkorea.co.kr

위와 같이 생성형 AI에 '샘표'라는 기업을 입력하니 기업의 상세한 정보를 출처와 함께 알려준다. 샘표는 "요리에센스 연두가 세계적인 주목을 받고…", "새미네부엌이라는 브랜드로 요리를 쉽고 즐겁게…", "한국 간장 소비시장에서 50% 이상 점유율을 차지하고…"와 같은 양질에 정보들이 제시되는 것을 알 수 있다.

이런 세부적인 내용을 자기소개서나 면접에 활용하면 평가관들은 당사에 많은 관심을 갖고 있는 지원자라 생각할 것이다. 사실 검색을 통해 기업분석을 하려면 몇 시간은 기본이지만, 생성형 AI를 활용하면 불과 수십 분만으로도 기업과 직무분석을 끝낼 수 있다.

기업분석은 아래 내용과 같은 프롬프트 입력을 통해 입체적인 정보를 수집할 수 있다. 프롬프트의 구성과 내용은 조사하고자 하는 내용에 따라 유연하게 변경할 수 있으며, 프롬프트 주요 항목은 아래의 8가지 정도를 추천한다.

1. ○○기업의 비전과 경영철학에 대해 알려줘
2. ○○기업의 장점과 단점에 대해 알려줘
3. ○○기업의 인재상에 대해 알려줘
4. ○○기업의 차별화 된 강점은?
5. ○○기업의 개선점은?
6. ○○기업의 최신 이슈에 대해 알려줘
7. ○○기업의 최근 출시 상품과 서비스에 대해 알려줘
8. (경쟁사가 있을 경우) ○○기업이 @@기업과의 차별화 포인트를 알려줘

직무분석도 마찬가지다. 생성형 AI로 직무분석을 하면 어렵지 않게 직무에 대한 상세한 정보, 현직자들의 조언, 도움이 되는 경험과 자격증 등 다양한 정보를 얻을 수 있다. 기업분석과 마찬가지로 아래의 질문 유형이 있을 수 있다.

1. ○○직무에 대해 알려줘
2. ○○직무 담당자의 주요 역할은?
3. ○○직무 최신 트렌드에 대해 알려줘
4. ○○직무 취업에 도움이 되는 자격증 알려줘
5. ○○직무 취업을 위한 현업 종사자들의 조언을 정리해줘
6. ○○직무 NCS 직무기술서의 지식, 기술, 태도에 대해 설명해줘
7. @@기업 ○○직무 담당자 역할(업무) 알려줘
8. @@기업 ○○직무 분야의 주요 전략은?

생성형 AI가 처음 일반인에게 공개되었을 때, 많은 사람의 우려가 생성 내용의 신빙성 문제였다. 실제로 환각현상(hallucination)으로 잘못된 정보를 생성하거나, 유사한 정보를 참고해 작성되는 경우가 발견되고 있다. 저자가 코파일럿을 추천하는 이유가 여기에 있다. 코파일럿은 참고한 영역과 그에 대한 링크 정보를 제공해주기 때문에 내용의 비교 검토가 가능하다는 장점이 있다.

굉장히 단순한 활용 수준으로 보이지만, 정보를 얻는 창구로서 생성형 AI를 활용하는 것만큼 쉬운 방법은 없다. 생성형 AI로 손쉽게 관련 정보를 획득해보자.

생성형 AI 활용하여
입사서류
작성하기

진학사의 채용 플랫폼 '캐치'가 취업준비생을 대상으로 '자기소개서 작성시 ChatGPT 활용 여부'를 묻는 조사에서, 응답자의 60%가 활용 경험이 있다고 답했다. 앞으로는 더 많은 사람이 생성형 AI를 입사서류 작성에 활용할 것으로 보이는데, 어쩌면 훗날에는 이것이 가장 기본적인 방법이 될지도 모른다.

생성형 AI를 활용해 입사서류를 작성하는 방식에 대한 주변 시선은 그다지 곱지 않다. 고용노동부와 한국고용정보원에서 진행한 '2023년 하반기 기업 채용동향 조사'에 따르면, 500대 기업 중 64.1%가 생성형 AI 활용을 부정적으로 보고 있다. 입사서류를 생성형 AI로 작성해 제출한 것이 확인되면 감점 내지는 불합격시키는 경우까지 있다(물론, 긍정적으로 평가하는 기업도 있다).

또한 73%의 기업은 AI로 작성했는지 여부를 판별하지 않는 것으로 조사되었다. 하지만 AI 사용 여부의 선별 역량을 강화한다고 대답한 기업이 51.1%인 만큼, 생성형 AI로 직접 입사서류를 작성하는 것보다는, 결과물을 참고만 하여 작성하기를 권한다.

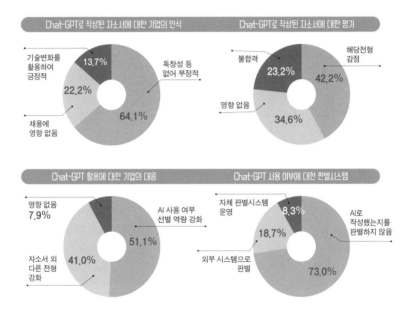

- 'Chat-GPT로 작성된 자기소개서'에 대한 기업의 대응(출처: 고용노동부) -

생성형 AI로 입사서류를 작성할 때는 ChatGPT 또는 클로드(Cluade)를 추천한다. 이 둘은 국내외에서 가장 많이 활용하는 생성형 AI로, 텍스트, 이미지 등 다양한 입력을 할 수 있으며, 결과물의 질도 뛰어나다.

| ChatGPT 첫 화면 | 클로드(Cluade) 첫 화면 |

생성형 AI를 활용해 이력서와 자기소개서를 작성할 때 기본적으로 채용공고, 참고 자기소개서, 프롬프트를 검색할 필요가 있다. 양질의 참고자료는 생성형 AI의 결과물을 좌우한다. 채용공고는 기업 홈페이지나, 채용 포털의 정보를 활용하고, 자기소개서는 잡코리아 '합격자소서', 링커리어 '만능 자소서 검색기' 등에서 찾으면 된다. 마지막으로 프롬프트는 '지피테이블'을 이용하자.

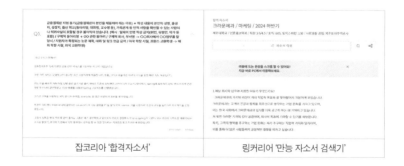

| 잡코리아 '합격자소서' | 링커리어 '만능 자소서 검색기' |

지피테이블 프롬프트 검색

생성형AI를 활용해 자기소개서를 작성 프로세스는 다음과 같다.

- 생성형AI를 활용한 자기소개서 작성 프로세스 -

위의 작성 프로세스를 바탕으로 자료 수집이 완료된 상황에서 자기소개서 프롬프트를 구성해 보면 다음과 같다.

〈채용공고〉
'검색한 채용공고 붙여넣기'

〈참고 자기소개서〉
'참고할 채용공고 붙여넣기'

자기소개서 중 {항목명}을 다음에 제시된 내용을 활용해서 {역량}이 잘 표현되도록 {분량}

내외로 자연스러운 문장으로 작성해줘. 아래의 '작성조건'에 맞게 작성해줘.

- 희망직무 :
- 전공 :
- 분량 :
- 항목명 :
- 경험 :
- 기여점 :
- 역량 :

#작성조건
1. '희망직무'와 '전공'은 가능하면 빼고 작성할 것
2. 반드시 제시된 '경험'은 있을 법한 구체적인 상황을 만들어서 표현할 것
3. '역량'은 그대로 사용하기보다 비슷한 단어로 바꿔줄 것
4. 작성하는 자기소개서 항목별로 작성 포인트가 달라짐. 자기소개서 중 '성장과정'을 작성한다면 '직무를 선택한 이유'가, '성격의 장단점'을 작성한다면 '업무상의 강점과 업무를 수행하는 데 치명적이지 않은 단점'을, '학교생활'을 작성 힌다면 '직무분야 전문성'이, '지원동기'를 작성한다면 '이 회사를 선택한 이유'가, '입사 후 포부'를 작성한다면 '신입사원으로서의 구체적인 계획'이 잘 표현될 것
5. '성격의 장단점', '지원동기', '입사 후 포부'를 작성할 때는 두괄식으로 표현하되 특히 '성격의 장단점'의 첫 문장은 '저의 성격의 장점은~'으로 시작하며 '장점'은 구체적인 경험과 함께 작성하여 강조, '단점'은 간단히 작성하며, 이를 극복하기 위한 노력과 방법을 제시, '지원동기'는 제시된 내용을 활용하여 회사와 함께 성장할 수 있도록 하는 '역량'을 선택하고 연결되는 '전략'을 적절히 표현, '입사후 포부'는 제시된 '목표' 달성을 위한 구체적인 계획 또는 전략을 '지원동기' 결과 내용을 바탕으로 표현할 것
6. '학교생활'을 작성할 때는 전공과 연계하여 전문 지식을 습득할 수 있는 구체적인 계획도 함께 작성해줄 것
7. 작성된 내용 잘 표현할 수 있는 '헤드라인'을 마지막에 markdown 형식으로 출력하되 '성격의 장단점'의 '헤드라인'은 '장점'만 활용하여 헤드라인을 만들 것
8. 〈채용공고〉의 우대사항과 지원조건 등을 참고해 적합한 자기소개서 작성해줘.
9. 〈참고 자기소개서〉에 최적화된 자기소개서 작성해줘.
10. 채용담당자에 눈에 띄는 소제목 10가지 추천해줘.

- 자기소개서 작성 프롬프트 예시(지피테이블 참고 및 항목 추가) **-**

위 프롬프트에서 좋은 결과물을 얻기 위한 팁이 있다면, 특히 경험과 기여점을 최대한 세밀하게 반영하는 것이다. '언제, 어디서, 무엇을, 어떻게, 왜' 항목에 맞게 꼼꼼하게 작성하자.

특히 자기소개서 작성에서 '지원동기'와 '입사 후 포부'는 지원기업과 직무의 특성을 반영해 작성해야 한다. 따라서 추가로 아래와 같은 질문을 통해서 내용을 추가해보는 것을 추천한다.

지원동기
1. @@기업에서 이슈가 되고 있는 서비스, 상품을 알려줘
2. @@기업의 서비스가 유사한 타 기업 서비스와의 차이점을 알려줘
3. @@기업의 지원동기 @@서비스 @@기술 중심으로 사례 만들어줘

입사 후 포부
1. @@기업의 ○○직무 연차별 업무수행 내용에 대해 알려줘
2. @@기업의 ○○직무에 필요한 연차별 자기계발 내용에 대해 알려줘
3. @@기업의 ○○직무에 도움 되는 자격증에 대해 알려줘
4. @@기업의 ○○직무에 도움 되는 교육에 대해 알려줘
5. @@기업의 ○○직무에 도움 되는 활동에 대해 알려줘
6. @@기업의 ○○직무의 연차별 업무 내용을 참고해서 사례 만들어 줘

- 지원동기, 입사 후 포부 작성을 위한 프롬프트 예시 -

초안이 작성되었다면 초안을 보완하는 프롬프트를 입력해보자.

1. @@기업 @@직무 자기소개서 @@항목 사례 알려줘
2. (사례)를 추가해서 작성해줘 : 일시, 장소, 내용 등 함께
3. 위 내용에 @@키워드를 중심으로 사례 들어줘

4. 위 내용에 @@경험을 넣어서 작성해줘(장소, 시간, 행동 등)
5. 위 내용에 @@기업의 인재상을 반영해서 수정해줘
6. 위 내용에 지원직무를 강조해서 수정해줘
7. 위 내용을 두괄식으로 정리해줘
8. STAR기법에 맞게 구분해줘
9. 결과-증명-결과 기법에 맞춰 구분해줘
10. 작성한 자기소개서를 읽기 쉽게 수정해줘
11. 작성한 자기소개서에 맞춤법 수정해 주고 이유도 설명해줘
12. 작성한 자기소개서를 취업에 도움이 되게 첨삭해줘

- 초안 작성 후 검토를 위한 보완 프롬프트 작성 예시-

이렇게 작성된 입사서류는 우리가 검토하고 정리만 하면 된다. 검토할 때는 채용담당자의 시선에서 바라보자. 기업에 잘 어울리는지, 적합한지, 경험을 과장하거나 부풀리지 않았는지, 너무 뻔하거나 일반적인 내용만 작성되지는 않았는지 등을 검토하면 된다. 수정사항이 있다면 어떤 부분을 어떻게 수정해달라고 요구하자. 수정을 요구하는 것만으로도 보완이 가능하다.

생성형 AI가 세상에 나타나면서 입사서류를 작성하는 데 드는 수고가 크게 줄었다. 정보 획득과 기초 데이터를 활용한 문서 초안이 생성형 AI를 통해 준비되기 때문에, 실제 나의 경험을 지원기업과 직무에 적합하게 뽑아내고 정리하는 것만으로도 입사서류를 완성할 수 있다. 입사서류 작성 시간의 절약은 곧 다른 역량 강화에 시간을 할애할 수 있다는 강점으로 돌아온다. 처음엔 어색할 수 있지만, 생성형 AI를 활용해 최적화된 입사서류 작성에 도전해보자.

AI로 면접준비
끝내기
(AI 채용 솔루션, 생성형 AI 활용)

면접도 AI를 활용해 준비할 수 있다. 면접준비는 크게 '면접 예상질문 확인 → 면접답변 준비 → 면접답변 연습 → 모의면접' 등의 4단계로 구분할 수 있다. 이 모든 단계를 AI를 활용해 준비할 수 있다.

면접 예상질문 확인

'면접 예상질문 확인' 단계에서는 채용공고, 이력서, 자기소개서를 생성형 AI에 입력해 면접 예상질문을 추출한다. 면접 예상질문은 크게 직무 관련 질문, 기업 관련 질문, 입사서류 관련 질문, 인성 질문 등으로 구분된다.

채용공고로는 기업과 직무 관련 질문을 얻을 수 있으며, 자기소개서와 이력서로는 입사서류 관련 질문과 인성 질문을 생성할 수 있다.

생성 방식은 먼저 각 파일을 업로드하고, "위 자료를 바탕으로 예상되는 면접(직무, 기업, 입사서류, 인성) 질문을 생성해줘"라고 입력하면 결과를 얻을 수 있다.

구 분	생성 가능한 질문
채용공고	직무 / 기업 관련 질문
이력서	입사서류 / 인성 질문
자소서	

- 항목별 생성형AI를 활용해 생성 가능한 질문 유형 -

생성된 면접 질문 중 질문 내용이 비슷하거나, 답변 내용이 겹치는 질문은 그룹화해서 정리한다. 생성형 AI가 찾아낸 질문 이외에도 예상되는 질문을 생각해보고, 취업 전문가에서 문의해 추가로 정리한다.

면접답변 준비

'면접답변 준비' 단계에서는 정리한 질문 하나하나에 대한 답변을 생성하는 것부터 시작한다.

'직무/기업 관련 질문'의 경우 객관적인 정보를 바탕으로 만들어지기 때문에 큰 수정 없이 활용할 수 있다. 다만, 생성형 AI가 생성한 정보가 환각현상 또는 유사한 이름을 가진 다른 기업의 정보를 활용할 수 있으니, 정보가 정확한지 확인하는 것은 필수이다(앞서 소개한 코파일럿을 추천한다).

다음으로 '입사서류/인성 질문'은 자신의 경험과 특성이 반영되어야 하니 이력서와 자기소개서 내용만으로 충분하지 않을 수 있다. 앞 절(자기소개서 파트)에서 소개한 프롬프트를 일부 활용하면 된다.

면접답변 연습

'면접답변 연습' 단계에서는 먼저 스크립트를 충분히 소리 내어 연습할 것을 추천한다. 충분한 연습이 되었다면 'ChatGPT 앱'을 활용해 면접답변 연습을 진행하면 된다. 다음의 그림과 같이 ChatGPT 앱을 실행하고 헤드폰 버튼을 누르면 음성대화 모드가 켜진다. 그러면 "지금부터 면접연습을 시작하려고 해. 앞서 추출한 예상질문을 질문해주고, 답변에 대해 피드백 해줘."라고 말하면 면접연습 모드로 전환된다. 이렇게 각 질문들을 연습하고 피드백도 받아서 보완해본다.

| ChatGPT 앱 실행 | 헤드폰 아이콘 터치 | 음성으로 명령하기 |

- ChatGPT 앱을 활용한 면접답변 연습하기 -

마지막으로 '모의면접'이다. 모의면접은 오프라인을 통해 컨설턴 트나 실제 면접관과 진행하는 방식과 어플리케이션을 통한 자체 연습 이 있는데, 군 특성상 자가 연습을 할 수 있는 어플리케이션 활용 방법 을 소개하고자 한다. 어플리케이션 활용 모의면접은 여러 가지 서비스 가 있으나, 그중 '뷰인터' 앱을 활용하는 방법이 있다. 앞서 면접답변 연 습에서 말하는 것에 집중했다면, 이제는 태도까지 함께 준비해보자. 뷰 인터 앱에 회원가입을 하고 로그인을 하면 '단일질문 면접'에서 내가 만든 질문을 선택하고 '연습하기' 버튼을 누르면 면접연습이 시작된다. 카메라와 마이크로 내 면접의 태도와 말하는 내용을 분석해준다. '종합 리포트'와 '세부분석'을 통해 면접 태도를 확인하고 보완할 점을 확인할 수 있다.

뷰인터 앱 실행	일반형 면접 연습 '연습하기' 실행
'내가 만든 질문' - '질문 입력' - '연습하기'	'분석결과' 확인
세부분석 내용 체크	

이렇게 AI를 활용해 면접 전반을 준비할 수 있다. 채용과정에서 면접전형의 중요성은 지속해서 커지고 있다. 그간 면접전형 준비는 거울을 보면 연습한다거나, 주변 지인에게 내 답변을 듣고 피드백을 달라고 하는 등 비교적 아날로그적이었으나, AI 활용이 쉬워지면서 쉽고 간단하게 연습할 수 있게 되었다. 마음만 먹으면 부대 내에서 충분히 전문적으로 연습할 수 있는 환경이 마련되었으니, 막연한 걱정에 매몰되기보다는 실천으로 옮기는 현명한 활동을 진행해보자.

전역 전
취업준비
전략

	진로 무관 자격증		
	책 읽기	복학	입사 서류 준비
	헬스/체중 관리	직무 탐색	인적성 공부
계획 미수립 장병	진로 고민	진로 고민	진로 탐색	진로 관련 자격증

6개월 전 → 3개월 전 → 전역 → 취업 시즌

계획수립 장병			
진로 고민	진로 관련 자격증	진로 관련 자격증	맞춤형 구직서류
진로 탐색	어학 공부	어학 공부	면접 집중 준비
직무 탐색	스터디 활동	인적성 공부	
		입사서류 준비	

전역 후 단기간 내에 취업해야 한다면, 군 생활 단계에서부터 취업 계획을 짜보자. 위의 그림과 같이 진로분석부터 차근차근 준비한다면 전역 후 곧바로 취업전선에 뛰어들 수 있다. 하지만 전역을 코앞에 두고 진로 고민을 시작한다면 전역 직후 취업은 물건너간 것과 다름없다.

특히, 공무원이나 공공기관을 목표로 취업준비를 하는 장병이라면 더 빨리 움직이는 것이 좋다. 공무원이나 공공기관 취업은 적어도 1년 전부터 준비해야 한다. 관련 자격을 갖추고 가산점을 받을 수 있는 조건을 갖추려면 2~3년 전부터 시작하는 것이 좋다.

대기업, 중견기업, 외국계 기업도 만만치 않다. 채용 자격요건을 갖추는 것만으로도 시간이 걸리고, 최근에는 인턴, 실습 등 실무경력을 요구하는 곳이 늘고 있다. 수시채용과 상시채용이 늘어나면서 중고신입(관련 분야 경력자지만 신입으로 지원하는 지원자)에 대한 수요가 커지고 있다. 전역 후 관련 분야에 경력을 쌓는 시간까지 고려해야 한다는 뜻이다.

중소기업은 상대적으로 조금 여유가 있다. 하지만 경쟁력을 갖추고 있고, 또 직원 대우가 좋은 중소기업은 입사 경쟁률이 웬만한 대기업보다 높다. 그리고 관련 분야의 전문성을 갖추기 위해서는 자격증과 전문성을 입증할 수 있는 교육을 받아야 한다.

전역을 하고 나면 의식주 비용이 급격하게 늘어나지만, 부모에게 마냥 기대기가 불편해진다. 거기에다 연애도, 공부도, 취업준비도 해야 하며, 때로는 여가생활도 즐겨야 한다. 입대 전과는 완전히 다른 복잡계(완전한 질서나 완전한 무질서를 보이지 않고 그 사이에 존재하는 계)에 들어서게 된다.

전역 후에는 신경 쓰고 해야 할 일들이 너무도 많다. 그래서 군에서부터 취업을 준비하는 것이 좋다. 물론 만만치 않다는 것은 안다. 하지만 군에서 착실히 준비한 장병과 그렇지 않은 장병의 차이는 전역 후에 더 크게 벌어진다. 군에서부터 계획을 세우고 한 걸음씩 아니, 반걸음씩이라도 나아가보자.

전역 후에는 신경 쓰고 해야 할 일들이 너무도 많다.
그래서 군에서부터 취업을 준비하는 것이 좋다.
물론 만만치 않다는 것은 안다.
하지만 군에서 착실히 준비한 장병과
그렇지 않은 장병의 차이는 전역 후에 더 크게 벌어진다.

6

전역 후
반드시
챙겨야 할 것들

군에서 배운 것들 중 전역하면서 가지고 가야 할 것은 무엇일까?

먼저, '규칙적인 생활'이다.

두 번째는 '복명복창'이다.

세 번째는 '사회적 태도'이다.

네 번째는 '다양성'이다.

마지막으로 '메모하기'이다.

전역하면서
가지고 가야 할 것과
버려야 할 것

       군 생활을 하다 보면 입대하기 전 자신의 모습과 많이 달라져 있다는 것을 느낄 수 있다. 군에 적응하기 위해 최적화된 방식을 개발하고 적용했기 때문이라 생각한다. 규칙적인 생활 덕에 과체중이던 장병은 살이 빠지고, 왜소하던 장병은 표준 체형이 되는 기적이 보이기도 한다. 이것만 보더라도 군 생활 속에서 얻을 수 있는 것이 많다. 하지만 군이라는 특수성으로 사회에서는 통용되지 않는 것들도 존재한다. 그래서 이번 파트에서는 전역하면서 가지고 가야 할 것과 버려야 할 것을 살펴보자.

"전역하면서 가지고 가야 할 것!"

많은 장병이 전역하면서 '제대하면 새롭게 시작해야지!'라고 다짐하곤 한다. 하지만 군 생활 속에서 몸으로 부대끼며 체득한 것은 쉽게 잊히지 않는다. 물론 군에서 체득한 거라 해도 사회에 모두 가지고 갈 수도 없다. 그렇다면 군에서 배운 것들 중 전역하면서 가지고 가야 할 것은 무엇일까?

먼저, '규칙적인 생활'이다.

기적적인 체중 변화가 있는 장병의 사례처럼 군에서 일정한 취침과 기상, 식사 그리고 꾸준한 운동 등으로 사회에서보다 신체적으로 또 정신적으로 건강해지는 장병이 많다. 규칙적인 생활은 효과가 큰 데, 안타깝게도 전역과 동시에 가장 먼저 흐트러지는 부분이기도 하다. 전역 후 군과 똑같은 패턴을 유지할 수는 없겠지만, 자신의 생활에 적합한 패턴을 계획하고 실천한다면 건강한 삶을 계속 이어갈 수 있다.

두 번째는 '복명복창'이다.

'복명복창'은 자신에게 부여된 임무를 다시 말함으로써 임무를 정확하게 이해했는지 확인하고 기억하게 하는 과정이다. 물론 사회에서 군에서 하듯이 복명복창한다면 이상한 사람으로 오해받을 수 있지만, 이야기를 전달한 사람에게 다시 한번 확인함으로써 의사전달에서 발생할 수 있는 오류를 사전에 차단할 수 있다. 어떠한 내용의 이야기를 듣게 되었다면 "이러 이러한 내용의 이야기 맞지요?"라는 수준으로 확인하는 절차를 거치는 것이다. 또한, 자신에게 주어진 업무나 과제에 대해 복명복창하듯 스스로 확인하고 피드백 받는 과정을 거친다면 정확하고 효과적으로 일을 처리할 수 있다.

세 번째는 '사회적 태도'이다.

군 생활이 첫 사회 경험인 장병들이 대다수이다. 또 입대 전 사회 경험을 했어도 가족, 친구 등과 떨어져 오롯이 혼자서 사회생활을 한 사람은 많지 않을 것이다. 군 생활을 하면서 형성한 사회적 태도는, 전역 이후의 사회생활에서 자립적 사회적 관계를 형성하는 데 긍정적인 영향을 끼친다. 군은 작은 사회이다. 따라서 군에서 갖게 된 사회적 태도는 군을 벗어난다고 해서 전혀 쓸모없는 행동양식이 되지 않는다는 점을 꼭 기억하자.

네 번째는 '다양성'이다.

장병 대부분은 입대 전, 혈연 혹은 같은 지역, 같은 학교, 같은 전공의 사람들과 관계를 맺고 있었을 것이다. 하지만, 군에서 함께 복무하는 전우들은 서로 다른 지역에서 다른 학교와 다른 전공을 가진 사람들로 구성된다. 이들 다양한 전우들과 공통된 목표를 달성하기 위해 서로 배려하면서 행동하며 배운다. 이처럼 군에서 경험한 다양한 사람들과의 관계 형성은 전역 후 성숙한 사회인으로 성장하는 밑거름이 될 것이다.

마지막으로 '메모하기'이다.

군에 입영하면 의류나 장구류와 함께 수첩과 필기도구를 나눠준다. 그만큼 군인에게 메모는 중요한 습관이다. 일부 장병들은 수첩에 자신의 군 생활의 경험과 소감을 일기처럼 남기기도 하고, 매일의 업무를 적고 체크하며 활용하기도 한다. 사회에서도 메모의 중요성은 다르지 않다. 누군가에게 업무나 과제의 지시를 받았을 때, 또 계획과 일정대로 일을 추진할 때, 내 기억에 의존하지 말고 기록을 확인해야 한다. 기록하지 않으면 기억하지 못한다. 우리는 이미 군 생활을 통해 이러한 사실을 알고 있고, 또 메모하는 습관을 길러왔다. 군에서 형성한 메모 습관과 노하우는 사회생활에서 여러분을 빛나게 할 것이다.

"전역하면서 버려야 할 것!"

최근 많은 사람이 '심플 라이프'에 주목하면서 '버릴 줄 아는 지혜', '똑똑하게 버리기'를 강조한다. 군 생활 이후에 가지고 가야 할 것도 있지만, 버려야 할 것도 있다. 지금부터 전역과 동시에 버려야 할 것이 무엇인지 살펴보도록 하자.

먼저, '계급 의식'이다.

장교, 부사관, 병 할 것 없이 군 생활을 한 장병 대부분은 자신의 생에 최고 계급에서 전역한다. 따라서 자신의 계급에 대한 프라이드가 상당하고, 계급이 주는 달콤한 경험을 내려놓기가 쉽지 않다. 대한민국 5대 장성(4대 장성+병장을 표현하는 은어적 표현)이라 불리는 '병장'으로 전역하는 장병 중에 소위 '병장병'이라 불리는 행동을 하는 사람이 간혹 있다. 전역 후 민간인이 되었음에도 군에서의 고참 습관을 버리지 못하고 동기와 후배들을 후임 다루듯 하는 경우이다. 전역 후 사회에서의 삶은 또다른 시작이다. 군에서 갖고 있었던 계급에 대한 자부심은 가슴 깊은 곳에 나만의 추억으로 남겨놓자.

다음으로 '사회에서 통용되지 않는 생활습관과 언어들'이다.

필자는 전역 후 사회생활을 하면서 어떤 행동양식 때문에 당황했던 적이 있는데, 바로 악수할 때였다. 군에서의 악수는 힘을 줘 움켜쥐지 않고 손을 맞대고 끄덕이는 정도이다. 그러나 사회에서는 서로 움켜쥐고 악수를 하는 경우가 많아, 악수하다 놀라 나도 모르게 손을 뺐던 경험이 있다. 지금 생각하면 우스운 이야기이지만, 전역한 지 얼마 안 된 당시에는 크게 당황했던 순간이었다. 또 '연병장', '활동화', '잘 못 들었습니다.', '통신보안' 등 사회에서는 쓰지 않는 단어와 문장을 나도 모르게 사용할 때가 있다. 군대에서만 사용하는 어투와 용어는 전역과 동시에 과감하게 버려도 무방하다.

마지막으로 버려야 할 것은 '@@ 후에 해야지'이다.

많은 장병이 '자대배치 후에 해야지', '훈련 후에 해야지', '휴가 후에 해야지', '전역 후에 해야지' 하며 계획을 특정 시점 이후로 미루는 습관을 가지고 있다. 이 책에서 가장 먼저 다룬 이야기가 '전역하면 해야지' 병 치료하기였다. 혹시 아직도 '혹한기 훈련 끝나면 해야지', '마지막 휴가 갔다 와서 해야지' 같은 안일한 생각을 하고 있다면, 지금 이 책을 읽으면서 꼭 버리기 바란다.

많은 장병이 군 생활을 인생의 과도기적인 시기로 접근한다. 따라서 군 생활을 인생의 일부라는 시각에서 접근하기보다는 별개의 시기로 인식하는 경우가 많다. 하지만 군 생활은 입대 전의 내 삶과 전역 후의 내 삶을 잇는 20대에 가장 소중한 기점이라는 것을 꼭 기억해야 한다. 내 인생의 일부인 군 생활을 '얼마나 발전적이고 효율적으로 보낼 수 있을까'를 고민해보기 바란다. 그리고 군 생활의 장점을 인식하고 군과 사회의 차이를 생각해보며, 전역 후의 삶에 대해서도 진지하게 고민하는 시간을 가져보기 바란다.

취업진로에
도움 되는
아르바이트

많은 수의 장병들이 전역 후 생계유지나 용돈을 위해 일자리를 구한다. 특히 '칼 복학'이 어려워 시간이 남는 경우 '아르바이트'를 선호한다. 이때 아르바이트나 단기 취업을 하더라도 전략적으로 접근하는 것이 중요하다. 내가 잠시 했던 아르바이트 경력이 취업할 때 도움이 될 수도 있기 때문이다. 일석이조(一石二鳥)란 이럴 때 쓰는 말이 아닐까? 이번 파트에서는 취업에 도움이 되는 아르바이트에 대해 알아보자.

진로 탐색형 아르바이트

취업에 도움 되는 아르바이트를 찾기 위해서는 자신의 진로가 설정되어 있는지가 중요하다. 이 책을 통해 여러분의 진로가 충분히 정해졌다면, 진로와 관련 있는 아르바이트를 하는 것이 좋다.

서비스업에 관심 있는 장병이라면 극장, F&B(Food and Beverage), 의류 등 다양한 서비스업 분야를 경험해보자. 분명 내 진로를 더 구체화할 수 있을 것이다. 또한 아르바이트를 통해 익힌 서비스 절차, 고객 응대, 상황 대처 능력 등이 자기소개서와 면접에서 직무 적합성을 증명하는 소중한 경험이 될 수 있다.

MD(Merchandiser, 상품을 관리하는 사람)에 관심 있는 장병이라면, 온·오프라인 쇼핑몰(매장) MD 보조 일을 통해 일에 대한 감을 익힐 수 있다. 방송, 언론 진출을 꿈꾸는 장병들은 방송국 스태프, 편집, 촬영 보조 등의 아르바이트를 하며 현장 분위기를 파악하고 직무에 대한 기본기를 배울 수 있다.

이처럼 진로와 관련된 아르바이트 경험은 구체적인 진로 설정과 직업 선택에 도움될 수 있다는 점을 기억하고, 나에게 맞는 아르바이트를 찾아보자.

진로가 명확하지 않아도 아르바이트가 의미 없는 활동은 아니다. 진로를 결정하지 못하고 있는 장병과 상담하다 보면 대부분 일 자체에 대한 경험이 적거나 없다. 머릿속으로만 진로를 생각하지 말고 직접 몸으로 뛰며 경험을 쌓다 보면 자신의 업무적인 장점과 특징을 바탕으로 구체적인 진로를 발견할 수 있다. 결국 아르바이트도 잘만 활용하면 자신의 진로를 발견하고 전문성을 확보할 기회가 될 수 있는 것이다.

가산점을 주는 아르바이트

아르바이트 경험을 서류전형 면제, 가산점 부여 등으로 혜택을 주는 기업도 있다. 아르바이트 경험이 기업과 업무 프로세스 이해에 도움이 된다는 판단이 녹아있는 정책이라고 볼 수 있다. 아르바이트 경험을 인정해주는 기업과 그 정책을 살펴보면 다음과 같다.

'SPC그룹'은 하반기 신입사원 공개채용에서 채용 인원의 10%를 SPC그룹 계열 브랜드 매장(파리바게뜨, 베스킨라빈스, 던킨, 쉐이크쉑 등) 아르바이트 경력자를 채용한다고 밝힌 바 있다. '이디야커피'는 가맹점 근무 경력이 있는 '이디야메이트'에게 본사 신입 공채 시 우대 혜택을 제공하고 있다. 'GS리테일'은 우수 파트타이머인 서비스에이스로 선정될 경우 서류전형을 면제해준다. 'BFG 리테일'은 동일한 CU 점포에서 6개월 이상, 주 24시간(총 624시간) 이상 근무한 스태프가 신입사원 공채 영업관리 직군에 응시하는 경우 서류전형을 합격시켜주는 제도를 운영하고 있다. CJ그룹은 프렌차이즈 영업과 구매, 생산기술 직무에서 F&B 아르바이트 경력자를 우대하고 있다.

이렇게 다양한 기업에서 아르바이트 또는 단기취업 경력을 인정해 주고 있다. 위에 설명한 기업 외에도 아르바이트 경력은 해당 기업에 대한 관심과 업무에 대한 이해를 표현할 수 있는 효과적인 수단이기 때문에, 관심 기업에서 아르바이트 경력 쌓는 것을 추천한다.

특기를 활용한 아르바이트

자신이 가진 특기를 활용하고 역량을 업그레이드할 수 있는 아르바이트도 있다. 예를 들어 디자인이나 프로그래밍, 외국어 관련 특기가 있는 사람은 관련 아르바이트 경험을 통해 감을 유지하며 실무능력을 향상시킬 수 있다. 또한 관련 분야 사람들과 네트워크를 구축해 취업에 유리한 입지를 다질 수 있다.

외국어 능력이 뛰어나거나 관련 자격증을 보유했다면 외국인 가이드, 외국계 기업 사무보조, 통·번역 등의 아르바이트를 해볼 것을 추천한다. 용돈을 벌면서 자신의 능력도 키울 수 있다. 또한 프로그래밍·디자인과 같은 분야는 학교에서 배우는 내용을 넘어서 실제 업계에서는 어떻게 일하는지 경험해볼 수 있는 큰 기회가 된다. 더불어 실제 프로젝트에 참여해 결과물을 완성해봄으로써 자신의 포트폴리오 수준을 높일 기회가 된다.

관공서 아르바이트

마지막으로 관공서 아르바이트에 대해 살펴보자. 관공서 아르바이트는 공무원을 꿈꾸는 장병들에게 간접체험의 기회가 될 수 있다. 또한 다른 아르바이트에 비해 근무 조건이 좋아 자격증 공부, 자기계발 등 취업준비와 병행할 수 있다는 장점이 있어 경쟁률이 높다.

관공서 아르바이트는 주로 방학 기간 중 4~8주 단위로 채용해 학업에 지장을 받지 않는다는 장점이 있다. 근무시간은 기관 근무시간과 동일하게 오전 9시부터 오후 6시까지이며, 주 5일 근무한다. 기관이나 전형에 따라 단축 근무하는 경우도 있다.

최저시급보다 높은 수준의 보수를 지급하고, 주휴수당이나 기타 복지를 포함하면 이른바 '가성비가 뛰어난 아르바이트'라고 할 수 있다. 공무원의 실제 업무환경을 체험하고 여유 있는 아르바이트를 하고 싶은 장병들이라면 적극 추천한다.

지금까지 취업에 도움이 되는 아르바이트를 유형별로 살펴봤다. 최근에 직무 중심 채용이 확대되면서 직무 관련 경험이 강조되고 있다. 실제의 취업 경력만 경력으로 인정받는 것으로 오해하는 장병이 많은데, 아르바이트 경험도 큰 도움이 될 수 있다는 점을 기억하자. 향후의 취업에 유리하게 작용할 수 있는 아르바이트를 계획해보기 바란다.

취업 전방위 지원,
국민취업
지원제도

전역을 앞둔 장병들이 사회로 다시 나아가야 하는 시점에서, 취업 준비가 막막하게 느껴질 수 있다. 이때 장병들이 꼭 챙겨야 할 중요한 국가 제도가 바로 '국민취업지원제도'이다. 이 제도는 전역 이후의 구직 활동을 돕고, 안정적인 사회 진입을 지원하기 위한 정부의 중요한 지원 정책 중 하나로, 전역 후 반드시 활용해야 할 제도이다.

국민취업지원제도란?

국민취업지원제도는 구직을 희망하는 국민에게 체계적으로 지원하는 제도이다. 취업 취약계층을 비롯해 취업준비가 필요한 이들에게 맞춤형 취업지원 서비스를 제공하여, 구직자의 취업을 돕기 위해 운영된다.

이 제도는 1유형과 2유형, 두 가지로 구분되어 있는데, 취업상담, 직업훈련, 맞춤형 취업 서비스 등 취업지원서비스를 제공하는 것은 두 유형 모두에 해당된다. 다만, 1유형은 매년 50만 원씩 6개월간 지원하는 구직촉진수당이 포함되어 있고, 2유형은 구직활동비, 교육 및 훈련비, 교통비 등과 같은 취업활동비용을 지원한다는 차이가 있다.

왜 국민취업지원제도가 중요한가?

전역 후 사회로 다시 나가는 과정에서 장병들이 직면하는 가장 큰 도전 중 하나는, 불확실한 미래와 취업에 대한 부담이다. 군 복무 기간 동안 취업에 대해 구체적인 준비를 하지 못했다면, 이 부담은 더욱 커질 수밖에 없다. 국민취업지원제도는 전역자들에게 실질적인 취업지원을 제공함으로써 이러한 어려움을 완화하고, 사회로의 원활한 복귀를 돕는다.

또한 이 제도는 단순히 취업에 그치는 것이 아니라, 전역 후 자신의 진로와 목표에 맞는 직업을 찾을 수 있도록 맞춤형 상담과 훈련을 제공한다. 이는 취업뿐만 아니라 장기적으로 본인의 커리어를 설계하는 데도 큰 도움이 된다.

국민취업지원제도를 어떻게 활용할 수 있을까?

전역 후 국민취업지원제도를 효과적으로 활용하려면, 우선 본인의 진로 목표를 명확히 설정하는 것이 중요하다. 제도 내에서는 다양한 직업상담과 맞춤형 취업 프로그램을 제공하므로, 본인의 관심 분야에 맞춰 적합한 프로그램을 선택할 수 있다. 이를 통해 본인의 역량을 강화하고, 취업에 필요한 스킬을 효과적으로 습득할 수 있다.

또한, 1유형(소득과 재산, 취업경험 등 요건 충족 필요)에 해당하는 경우, 구직활동촉진수당을 통해 전역 후 취업 활동 중에도 금전적 지원을 받을 수 있다. 구직 활동에서 가장 부담스러운 것이 경제적인 문제이다. 그런데 구직활동촉진수당을 받게 되면 당장 수입이 없는 상황을 해결하는 데 큰 도움이 되며, 보다 안정적으로 취업 준비를 할 수 있는 환경이 될 것이다.

마지막으로, 제도를 통해 제공되는 직업훈련 프로그램을 적극적으로 활용하는 것이 좋다. 이를 통해 실무에 필요한 기술을 습득하거나, 전역 후 자신이 목표로 하는 분야에 맞는 자격증을 취득할 수 있다. 군복무 동안 전공과 무관한 일에 종사했던 장병들에게는 특히 유용할 수 있다.

국민취업지원제도가 주는 장점

① 금전적 지원: 구직활동촉진수당을 통해 전역 후 구직 활동 중에도 경제적 부담을 덜 수 있다.

② 취업 지원 서비스: 개인 맞춤형 상담과 취업 지원 서비스를 통해 본인의 역량을 강화하고, 목표에 맞는 직업을 찾을 수 있다.

③ 직업훈련: 직업훈련 프로그램을 통해 취업에 필요한 실무능력을 배양하고, 실질적인 준비를 할 수 있다.

전역 후에는 새로운 시작이 기다리고 있다. 하지만 그 시작이 혼란스럽고 불안하게 느껴질 수 있다. 국민취업지원제도는 이러한 시기에 장병들이 새로운 출발을 자신 있게 할 수 있도록 돕는 중요한 제도이다. 사회로 복귀하는 과정에서 이 제도를 잘 활용한다면, 더욱 확고한 목표와 준비를 갖춘 상태로 전역 후의 삶을 계획할 수 있을 것이다.

직업훈련과
기술습득,
내일배움카드

전역 후 새로운 도전을 준비하는 장병들에게 자기계발과 기술습득은 매우 중요한 요소다. 군 생활 동안 많은 기술을 배울 수 있지만, 사회에 나가면 더욱 전문적이고 다양한 능력이 필요하다. 이러한 상황에서 전역 후 꼭 챙겨야 할 국가제도 중 하나가 바로 국민내일배움카드이다. 국민내일배움카드는 무엇인지 어떻게 활용할 수 있는지 알아보자.

국민내일배움카드란?

국민내일배움카드는 고용노동부에서 지원하는 제도로, 취업 준비생, 실업자, 그리고 직장인 모두에게 직업 능력 향상을 위한 다양한 교육 과정을 저렴하게 수강할 수 있도록 지원하는 제도이다. 특히 전역한 장병에게 직업훈련과 기술습득을 지원하여 취업전선에서 경쟁력을 높일 수 있는 중요한 역할을 한다.

국민내일배움카드를 발급받으면 300만 원에서 최대 500만 원까지 훈련비를 지원받을 수 있다. 또한 본인의 소득 수준에 따라 훈련비의 최소 45%에서 최대 85%까지 정부 지원을 받을 수 있다. 이렇게 받은 훈련비는 HRD-Net에 등록되어 있는 훈련을 수강하는 것에 사용할 수 있다. 이 제도를 통해 고가의 직업훈련 프로그램을 저렴하게 이용할 수 있어, 전역 후 수준 높은 직업교육을 받을 수 있다.

국민내일배움카드의 주요 혜택

① 저렴한 비용으로 교육 참여

국민내일배움카드를 발급받으면 다양한 직업훈련 과정을 무료 또는 저렴한 비용으로 수강할 수 있다. 이는 전역 후 새로운 직업을 준비하는 장병들에게 매우 큰 혜택으로, 전문 기술을 배우는 데 드는 비용을 크게 줄여준다.

② 장기적인 자기계발 가능

국민내일배움카드의 유효기간은 5년으로, 한 번 발급받으면 여러 번의 교육 과정을 수강할 수 있다. 즉, 전역 후 바로 사용하지 않더라도 필요할 때 언제든지 사용 가능하며, 지속적으로 자기계발을 이어나갈 수 있다. 또한, 유효기간이 지나더라도 재발급하여 사용할 수 있다.

③ 직업훈련장려금 지원

단순히 교육비 지원뿐만 아니라, 일정 조건을 충족하면 훈련 장려금도 받을 수 있다. 1개월 교육 과정 중 80% 이상의 출석률을 달성하고 요건을 충족하는 대상에게는 월 최대 116,000원까지 지급받을 수 있으니 경제적 부담을 덜 수 있다.

국민내일배움카드를 활용한 자기계발 전략

국민내일배움카드를 효과적으로 활용하기 위해서는 우선 내가 원하는 직무나 기술을 명확히 설정하는 것이 중요하다. 다양한 교육 과정이 제공되기 때문에, 내 관심 분야에 맞는 과정을 선택하여 수강할 수 있다. 예를 들어, IT나 프로그래밍, 데이터 분석과 같은 유망 기술 분야에 관심이 있다면 관련된 직업훈련 프로그램을 선택해 학습할 수 있다.

또한, 국민내일배움카드를 통해 제공되는 교육 과정은 이론뿐만 아니라 실무 교육도 포함되어 있어, 실제 업무에서 바로 활용 가능한 기술을 배울 수 있다. 이는 전역 후 취업 준비를 하거나 새로운 직장을 구할 때 매우 유용하다. 따라서 취업을 준비하면서 실무능력을 쌓고자 한다면 국민내일배움카드를 통한 실습 기회도 놓치지 말자.

국민내일배움카드 발급 방법

국민내일배움카드는 나에게 맞는 일자리를 찾기 위한 지원이므로, 실업 상태인 경우 고용24(www.work24.go.kr)에 먼저 등록해야 한다(재직자인 경우 별도 신청은 필요 없다). 이미 국민취업지원제도를 이용하고 있는 경우에는 구직 등록을 마쳤을 것이기 때문에, 별도로 신청은 안 해도 된다. 이후에는 고용24의 국민내일배움카드 신청란에 접속하여 카드 발급을 신청하고, 실물 카드를 수령 후, 원하는 직업훈련 기관에서 훈련을 받을 수 있다. 물론 이 모든 과정은 인터넷으로 가능하다.

전역 후 장병들이 사회로 나아가 경쟁력을 갖추기 위해서는 지속적인 자기계발이 필수이다. 국민내일배움카드는 전역 후 필요한 기술을 습득하고, 취업에 필요한 역량을 키울 수 있는 중요한 도구이다. 특히 전역 이후 새로운 도전과 기회를 찾고자 하는 장병들에게는 매우 유용한 제도이므로, 꼭 챙겨서 활용하길 권장한다. 이를 통해 새로운 직업 분야에 도전하거나, 더 나은 직업을 찾기 위한 발판을 마련할 수 있을 것이다.

다시 한번
도전하는 길,
청년도전지원사업

　　청년도전지원사업은 구직 단념 청년 등 오랫동안 구직 활동에 소극적이었던 청년들을 대상으로 자신감을 회복하고, 취업 의지를 북돋우기 위한 다양한 맞춤형 프로그램을 제공하는 제도이다. 군 복무를 마친 후 진로를 고민하는 장병들에게도 유용한 제도이므로, 이를 통해 자신만의 미래를 계획하고 준비할 수 있는 기회를 얻을 수 있다.

청년도전지원사업이란?

청년도전지원사업은 사업 신청일 이전 6개월 이상 취업·교육·직업훈련 참여 이력이 없고, 구직 단념 청년 상담원 문답표 21점 이상인 만18세에서 34세 이하의 구직 단념 청년들을 대상으로 진행한다. 따라서, 앞서 소개한 국민취업지원제도나 내일배움카드를 통해 취업 활동과 교육훈련 활동을 참여하고 있다면 이 사업에는 해당하지 않는다. 다만, 명확한 목표를 정하지 못해 그간 구직을 단념하고 있던 상황이라면 이 프로그램이 크게 도움될 것이다.

청년도전지원사업의 주요 프로그램

① 도전 프로그램

기본 프로그램으로, 최소 5주 이상, 총 40시간 이상의 밀착 상담과 진로 탐색, 자신감 회복, 취업역량 강화 등 맞춤형 서비스를 제공한다. 프로그램을 성공적으로 이수하면 50만 원의 참여수당을 받을 수 있으며, 이후 국민취업지원제도에 참여해 추가적인 취업 지원을 받을 수 있다.

② 도전 + 프로그램 유형(중기)

보다 심화된 프로그램으로, 최소 15주 이상, 총 120시간 이상 진행된다. 밀착 상담, 사례 관리, 외부 연계활동 등 더욱 포괄적인 맞춤형 서비스가 제공되며, 참여자는 최대 150만 원의 참여수당과 이수 인센티브

20만 원, 취업 시 취업 인센티브 50만 원을 받을 수 있다.

③ 도전 + 프로그램 유형(장기)

도전+ 프로그램 중기 유형과 프로그램은 동일하지만, 최소 25주 이상, 총 200시간 이상의 교육을 진행한다. 이 프로그램을 성공적으로 이수하면 최대 250만 원의 참여 수당과 이수 인센티브 20만 원(취업 관련 활동 시 30만 원 추가 지급), 취업 시 취업 인센티브 50만 원을 추가로 제공한다.

지원 자격

① 구직 단념 청년

사업 신청일 기준 이전 6개월 이상 취업·교육·직업훈련 참여 이력이 없고, 구직 단념 청년 상담원 문답표 21점 이상(30점 만점)인 만 18~34세 청년.

② 자립 준비 청년

아동복지시설(아동양육시설, 공동생활가정, 가정위탁 등) 등에서 보호받고 퇴소한 자 중 퇴소 5년 이내의 청년 또는 퇴소 대상자임에도 불구하고 퇴소일을 연장한 만 18~34세 청년.

③ 청소년복지시설 입·퇴소 청년

청소년복지시설(청소년쉼터, 청소년자립지원관 등)에서 6개월 이상 보호받았던 만 18~34세 청년.

④ 북한 이탈 청년

북한을 이탈한 자(군사분계선 이북지역에 주소, 직계가족 배우자, 직장 등을 두고 있는 자)로서, 만 18세~34세 청년.

⑤ 지역 특화

위 참여자에 해당하지 않는 청년 또는 지자체 조례 등에서 지원의 필요성이 있다고 인정하는 청년.

청년도전지원사업 신청 절차

청년도전지원사업은 앞서 설명한 대로 지원 자격이 정해져 있다. 따라서 신청 전에 먼저 내가 지원자격에 해당하는지 확인이 필요하다. 지원자격에 해당한다면 다음은 운영기관을 찾아봐야 한다. 운영기관은 전국에 72개 기관이 있는데, 내가 참여하기 편한 곳으로 신청하는 것이 좋다. 프로그램 신청은 운영기관에 방문하여 상담을 받거나 워크넷에서 청년도전지원사업을 검색해 진행할 수 있다.

전역 후 취업에 대한 막막함으로 제대로 된 취업준비 활동이나 직업교육 등을 진행하지 못했다면 청년도전지원사업을 활용하는 것이 큰 도움이 될 것이다. 이 프로그램은 단순한 취업준비를 넘어서, 개인의 진로 탐색과 취업역량 강화를 위한 체계적인 지원을 제공하고 있다. 또한, 프로그램 이수 후에는 국민취업지원제도와 연계해 더욱 구체적인 취업계획을 세울 수 있으므로, 전역 후 챙겨야 할 중요한 국가제도 중 하나로 추천한다.

경제적 혜택과
국가 기여를 동시에,
비상근예비군

전역 후 군과의 연을 이어가며 용돈을 벌 수 있는 방법 중 하나가 바로 비상근예비군제도이다. 이 제도를 통해 군 복무 기간에 습득한 전문 지식과 경험을 바탕으로 다시 한번 국가에 기여할 수 있으며, 그에 대한 보상도 받을 수 있다. 또한, 향후 직장 생활과 병행하면서도 충분히 할 수 있는 활동으로, 전역 후 장병들이 고려할 만한 중요한 제도 중 하나이다.

비상근예비군이란?

비상근예비군은 전시에 동원될 주요 직책을 맡게 될 예비역(장교, 준사관, 부사관, 병)을 평시에 소집해 추가 훈련을 시키는 제도로, 유사시 즉각적인 임무 수행이 가능하도록 준비된 인력을 미리 확보하기 위해 시행하고 있다. 비상근예비군으로 선발된 예비역은 평시에는 정기적인 훈련을 받고, 전시에는 해당 직책으로 임무를 수행한다.

비상근예비군의 유형

단기비상근예비군

단기비상근예비군은 중·소대장, 포반장 등의 직책을 맡으며, 연 30일 이내(15일 내외, 월 1~2회) 기간 동안 소집되어 훈련받는다. 단기적으로 성과를 낼 수 있는 직책을 맡기 때문에 비교적 짧은 기간 동안 훈련이 이루어지며, 평일에는 10만 원, 휴일에는 15만 원의 보상비를 받을 수 있다.

장기비상근예비군

장기비상근예비군은 주요 지휘관, 참모, 전투장비 운용 등 더 높은 전문성이 요구되는 직책을 맡게 된다. 연 180일 이내(40일~180일 이내 선택, 개인 사정에 따라 선택 가능) 소집되어 훈련받으며, 평일과 휴일 관계없이 1일 15만 원의 보상비를 받는다. 장기적으로 운영되는 직책이므로 다른 사회활동과 병행하면서 장기간 복무할 수 있는 장점이 있다.

비상근예비군의 지원 자격 및 선발 절차

비상근예비군은 장교, 준사관, 부사관, 병 누구나 지원할 수 있다(병은 0~8년 차까지 지원가능하다). 매년 9~10월에 정기 공고를 통해 비상근예비군을 모집하고 있으며, 1~8월에는 수시모집으로 진행하고 있다. 선발은 병과, 계급, 예비군 연차 등을 기준으로 종합적으로 고려하여 진행한다.

동원예비군의 중요성은 병력자원의 감소에 따라 더욱 커지고 있다. 군대의 상비병력이 줄어들면서 예비군이 중요한 역할을 맡게 되었으며, 단기 동원훈련만으로는 전시에 필요한 완벽한 준비를 할 수 없기 때문에 비상근예비군의 역할은 더욱 중요해지고 있다. 이에 따라 매년 선발 인원이 늘고 있으며, 재지원율 또한 높아지고 있다.

비상근예비군제도는 전역 후 사회생활과 군 복무를 병행하면서 경제적 혜택과 국가 기여라는 두 마리 토끼를 잡을 수 있는 기회이다. 장기적인 복무를 통해 전문성과 리더십을 강화할 수 있으며, 이는 개인의 경력에도 긍정적인 영향을 미칠 수 있다. 전역 후 자기계발과 경제적 안정성을 동시에 추구하는 장병들에게 추천할 만한 제도이다.

비상근예비군 제도

• 비상근예비군 제도란?

- 유사시 예비군으로 다수 충원되는 동원위주부대(동원사단, 동원보충대대, 동원지원호송단 등)에서
  주요 직책을 수행하게 될 예비역(장교, 부사관, 병)을 평시에 소집 및 훈련시켜, 전시 동일한 직책으로
  동원하여 즉시 임무수행이 가능하도록 운용하는 제도

• 선발시기 및 절차

- 자격요건 : 예비역인 장교, 준사관, 부사관, 병
  - 병도 0년~8년차까지 지원가능
- 선발시기

절차	시기	기타
선발 공고	1~9월(매년 수시) 9~10월(매년 정기)	• 각 군 예비군 홈페이지 공고 및 지원서 교부 접수
지원서 접수		
선발심사	수시 : 1~9월(필요시) 정기 : 10월(연 1회)	• 선발기준 : 병과, 계급, 예비군 연차 등
선발통보	일정 조회	• 개별통보 / 공고

- 운영부대 : 육·해·공군, 해병대, 국직부대 중 선발공고부대
  • 매년 인력운영계획에 따라 변동 가능

비상근 예비군 소개

청년에 관한
모든 지원 정책,
온통청년

군 복무를 마친 청년 장병들은 전역 후 새로운 시작을 준비해야 한다. 이 과정에서 가장 중요한 것은 다양한 지원 정책을 제대로 활용하는 것이다. 온통청년은 전역한 청년들이 자신의 상황에 맞는 다양한 정책을 손쉽게 찾고, 실시간 상담을 통해 궁금한 점을 해결할 수 있는 정부 지원 통합 플랫폼이다. 이 플랫폼을 통해 주거, 일자리, 복지, 문화 분야의 다양한 청년정책을 검색하고 활용할 수 있다.

온통청년에서 청년 장병들이 이용할 수 있는 주요 서비스

1) 청년정책 통합 검색

전역 후 새로운 출발을 준비하는 장병들에게 필수적인 정책을 한 곳에 찾아볼 수 있는 곳이다. 특히, 주거와 일자리 지원은 전역 후 사회에 복귀하는 장병들에게 중요한 부분이다.

① 주거 분야: 청년 주택드림 청약통장, 중소기업 취업청년 전월세 보증금 대출, 청년전용 버팀목 전세자금 등 전역 후 주거 안정을 위한 대출 및 지원 정책 제공.

② 일자리 분야: 국민취업지원제도, 청년 국가기술자격시험 응시료 지원, 청년지원금 등 전역 후 취업준비를 지원하는 다양한 프로그램.

③ 복지·문화 분야: 알뜰교통카드, 생활복지 지원 프로그램 등, 생활 비용 절감 및 문화 활동 지원을 위한 다양한 제도.

2) 청년센터 검색

청년센터를 통해 각 지역에서 제공하는 청년지원 프로그램을 검색할 수 있다. 서울에서 전역한 장병이라면 서울 청년센터에서 제공하는 주거 지원, 취업 지원 프로그램을 쉽게 찾아볼 수 있다. 특히 지역별로 다르게 운영되는 지원 프로그램을 통해 장병들은 자신의 거주 지역에서 받을 수 있는 맞춤형 지원을 확인할 수 있다. 지역을 선택하고, 비용 유·무료 여부와 프로그램 운영 여부를 기준으로 세부적으로 검색이 가능하다.

3) 청년상담실(실시간 맞춤형 상담)

청년상담실은 전역한 청년들이 자신의 상황에 맞는 정책 정보를 실시간으로 얻을 수 있는 상담 서비스로, 카카오톡, 전화, 게시판, 심층 상담 등 다양한 방식으로 제공된다.

① 카카오톡 상담: 모바일로 간편하게 상담을 요청할 수 있다. 카카오톡 상담을 통해 실시간으로 청년정책에 대한 정보를 얻을 수 있다.

② 심층 상담: 더 깊이 있는 상담이 필요하다면 심층 상담을 신청해 개인 맞춤형 정책 상담을 받을 수 있다. 전역 후 자신의 진로와 계획을 구체화할 때 유용하다.

③ 게시판 상담: 게시판에 질문을 남기면 전문가가 답변을 제공한다. 청년정책에 대한 궁금증을 해결하고 필요한 정보를 빠르게 얻을 수 있다.

④ 전화 상담: 즉각적인 도움이 필요한 경우 1811-9876으로 전화해 직접 상담할 수 있다.

전역 후 사회로 복귀하는 청년 장병들에게 온통청년은 매우 유용한 도구가 될 수 있다. 정부에서 제공하는 다양한 지원 정책을 한눈에 확인하고, 실시간 상담을 통해 맞춤형 정보를 얻을 수 있다. 주거, 일자리, 복지 등 여러 분야에서 장병들에게 필요한 지원을 적극적으로 활용해 전역 후 새로운 도전에 대비하자.

온통청년

군 생활 속에서 꿈과 비전을 발견하는 그 날을 기다린다

군 생활을 8여 년간 했다. 이 책을 읽을 대다수 장병과는 달리 장교로 근무했다. 군 복무를 시작할 당시 나는 군 생활은 나의 것이 아니라고 생각했다.

남은 시간을 어떻게 보내야 할지 모르던 초급장교는 이것저것 시도했다. 동영상을 만들어 출품하니 군단장 상을 받았다. 흥이 난 필자는 다른 영상을 출품해 사단장 상을 받았다. 부대 위수지역 견학을 오는 학생들에게 하나라도 전하기 위해 공부하니, 유능한 지역환경해설사로 인정받기도 했다.

뭐라도 해보자며 시도를 반복하니 육군훈련소 교관으로, 육군 전체 정신교육 교재 개발로, 역사관으로, 대학원으로, 아크부대 파병으로, 국방부장관 표창으로 이어졌다. 그야말로 작은 눈덩이가 집채만 한 눈덩이가 되어 돌아왔다.

아직도 신비한 경험은 이어지고 있다. 장병들의 꿈과 비전을 돕는 사업인 '꿈비 프로젝트'를 공공기관에 제출한 것을 시작으로 사업가로, 강연자로, 칼럼니스트로, 방송인으로, 작가로 영역이 넓어지고 있다. 물론, 흔들리거나 어려운 일도 있었지만, 여러 도전을 거치면서 성과는 쌓여갔다. 그 과정에서 깨달음도 생겼다.

"먼저, 하고 싶은 목표를 찾는다."
"목표를 달성하기 위해 계획을 수립한다."
"계획을 실행한다."
"실행하면서 계획을 보다 효율적으로 개선한다."
"목표를 달성하지 못하면 목표나 방법을 수정한다."
"또 하고, 계속한다."

위의 프로세스를 계속 반복하면 목표한 분야에서의 성취는 물론, 생각지도 못한 분야에서의 성취도 따라온다는 것을 알게 되었다. 이렇게 지극히 단순한 원리를 마흔이 다 되어서야 글로 정리할 수 있게 되었다. 여러분도 자신의 언어로 자신의 프로세스를 정리할 수 있는 날이 오기를 바란다.

군에서 참 많은 혜택을 받았고, 이제는 정말 하나씩 갚아야 할 시기가 되었다. 이 책에서 장병 자기계발, 취업과 진로교육을 위해 연구하고 모아왔던 자료를 빠짐없이 정리했다. 물론 광범위한 자료를 다시 정리하고 이를 장병들이 쉽게 활용하도록 가공하는 작업은 쉽지 않았지만, 스스로 확신한다. 이번 시도가 생각지도 못한 재미난 일이 되어서 나에게 돌아오리라는 것을 말이다.

　이 책을 세상에 내놓으면서 바람이 있다면, 우리 장병들이 군 생활 속에서 새로운 기회를 발견하고 시도하는 도전의 시간이 되었으면 하는 것이다. 모든 장병이 군 생활 속에서 꿈과 비전을 발견하는 그 날을 기다리며, 기도한다.

최준형

인생의 큰 갈림길에 서 있는 이들에게

우리는 항상 생각합니다. 그리고 결정합니다. 하지만 그 결정에 따른 실행은 사람마다 차이가 있습니다. 어떤 이는 결정과 행동의 시간 간격이 짧은 반면에, 어떤 이는 그 간격이 너무나도 길죠.

생각하고 결정하는 것은 의외로 쉬울 수 있습니다. 하지만 뭔가를 행하려고 하면 두려움이 그 길을 막아서죠. 그래서 많은 사람이 행동하기를 주저합니다. 행동하기를 주저하는 동안 정리된 내 생각은 뒷걸음질 칩니다. 그리고 어느새 내 마음속에서 사라지고 말죠. 이러한 경험이 반복되다 보면 생각하고 결정하는 것을 멈추게 됩니다.

이 책은 생각은 많지만, 막연한 두려움에 막혀 실천하지 않거나, 이 것의 반복으로 생각과 결정하기까지도 포기한 지극히 인간다운 우리를 위해 쓰기 시작했습니다.

입대를 준비하는 청년, 그리고 군 복무 중인 장병 여러분, 지금 여러분이 갖고 있는 고민은 지극히 자연적인 것입니다. 군 입대도, 군 복부도, 복무 후 전역도 모두 처음 겪는 일이니까요. 그리고 그 미래에 대한 고민 또한 사실상 지금이 처음일 것입니다.

그러니 불확실한 미래에 너무 매몰되지 말고, 생각하고, 결정하고, 행동하기 바랍니다. 이 책이 여러분이 처음 경험하는 군 생활을 새로운 기회의 시간과 공간이 될 수 있도록 안내할 것입니다.

이 책을 통해서 자기계발을 위한 마인드 셋부터, 진로목표 설정과 취업준비에 이르기까지 군 내에서도 충분히 미래에 대해 준비할 수 있다는 자신감을 얻게 될 것입니다.

장병 여러분은 순간순간 현명한 결정을 해야 합니다. 그 누구도 여러분의 군 생활을 책임져주지 않으니까요. 오롯이 내가 책임져야 할 내 몫입니다. 주변에 휩쓸리기보다는 오롯이 나를 위해 나를 분석하고, 내가 하고자 하는 것을, 내 선택으로 결정해야 합니다. 그리고 실천해야 합니다. 이 책은 장병 여러분의 결정과 실천에 실질적인 가이드가 될 것입니다.

이제 남은 것은 여러분의 마음가짐입니다. 나에게 주어진 24시간을 다른 사람이 아닌 장병 여러분 자신이 컨트롤해야 합니다. 그러다 보면 힘든 병영생활 속에서도 분명 여유를 찾을 수 있을 것입니다. 그런 시간을 여러분의 시간으로 만들 수 있어야 합니다. 그 시간은 전역 후 내 삶을 크게 바꾸어 놓을 가치 있는 시간입니다. 이 책은 군 생활 내내 여러분의 시간과 함께할 것입니다.

이 책이 여러분의 두려움을 없애고, 미래를 설계하는 데 긍정적인 영향을 발휘하길 바랍니다. 병역 의무를 다하며, 국가에 헌신하는 여러분을 존경합니다.

박광희